Inhalt

Einleitung 5

TEIL I: WIE SIEHT GUTE STRUKTURQUALITÄT AUS? 12

1. Räumliche Dimension 15
2. Gruppengrößen 21
3. Personalschlüssel, Fachkraft-Kind-Relation und Arbeitsbedingungen 23
4. Qualifikation der Fachkräfte/Leitung 31
5. Multiprofessionelle Teams 36
6. Inklusive Kindertageseinrichtungen 46
7. Unterstützungssysteme 54
8. Finanzierung 60

TEIL II: WIE SIEHT GUTE PROZESSQUALITÄT AUS? 66

9. Entwicklungs- und Bildungsbegleitung 69
10. Raum und Ausstattung im Innenbereich 92
11. Raum und Ausstattung im Außengelände 102
12. Alltagsgestaltung 108
13. Körperliches und psychisches Wohlbefinden, Gesundheit 114
14. Haltung, Wertevermittlung und Partizipation 141
15. Diversitätsorientierte Inklusion 152
16. Altersmischung 161
17. Erziehungs- und Bildungspartnerschaft mit Familien 165
18. Sozialraumöffnung und Vernetzung 170

TEIL III: WIE SIEHT GUTE QUALITÄTSSICHERUNG AUS? 173

19. Qualitätsmanagement und Qualitätsmessung 175
20. Externe Evaluation – der kompetente Blick von außen 178

Ausblick 195

Literatur 197

Danke

Unser Dank gilt allen, die am Entstehungsprozess des PromiK-Verfahrens beteiligt waren. Stellvertretend seien hier Katrin Gralla-Hoffmann, Nikolas Schnabel, Susanne Kalbreier und Ilka Maserkopf genannt. Ebenso danken wir allen PromiK-Erheber:innen, die durch ihre professionellen Erhebungen zur Qualität des Verfahrens beigetragen haben, die es heute hat. Außerdem ein großes Dankeschön an Maren Buchholzke und Sandra Richter für ihre wertvollen Anregungen und Ergänzungen.

Last but not least danken wir allen pädagogischen Fachkräften, die in den Kitas unter widrigsten Umständen täglich ihr Bestes geben. Halten Sie durch und kämpfen Sie mit für bessere Bedingungen in der Frühpädagogik! Wir haben Hochachtung vor Ihnen und sind an Ihrer Seite!

Einleitung

Verschlafen wir die Zukunft unserer Kinder? Kaum ein anderes europäisches Land gibt weniger seines Bruttoinlandsprodukts für Bildung aus als Deutschland (vgl. Bundeszentrale für politische Bildung 2019). Die erste Studie zur Qualität in deutschen Kitas, die Nationale Untersuchung zur Bildung, Betreuung und Erziehung in der frühen Kindheit (NUBBEK) zeigte, dass nur drei Prozent der untersuchten Krippen-Einrichtungen eine gute, 85 Prozent eine mittelmäßige und zwölf Prozent sogar eine unzureichende Qualität aufwiesen. Und in den Kitas sieht es nicht viel anders aus. Noch gibt es viel zu wenige wirklich gute Kitas (vgl. Laewen & Andres 2022, S. 35ff.).

Zahlreiche Forschungsergebnisse machen deutlich, dass die institutionelle Betreuung nur dann **nicht** die kindliche Entwicklung schädigt, wenn sie von hoher Qualität ist (vgl. ebd., S. 43). Deshalb ist hier zuerst einmal zu fragen: **Was ist schiefgelaufen?**

Es gibt noch viel zu wenig gute Kitas.

Kita-Ausbau ohne Qualitätssicherung

Mit der Schaffung eines Rechtsanspruchs auf Betreuung im Jahr 2013 hatte sich das deutsche Bildungssystem ein sportliches Ziel gesetzt. Es kam zu einem raschen Ausbau an Kita-Plätzen, wobei auch heute noch – eigentlich ein Rechtsbruch – immer noch insgesamt 430.000 Betreuungsplätze in Deutschland fehlen (vgl. Bertelsmann Stiftung 2023). Ganz nebenbei droht hierdurch inzwischen ein wirtschaftliches Risiko (vgl. Böcking & Marquardt 2023). Auf der Strecke geblieben ist die gleichzeitige Sicherung eines Qualitätsanspruchs in der frühkindlichen Bildung. Der aktuelle Fachkräftemangel führt so dazu, dass Kinder in manchen Einrichtungen nur noch „verwahrt“ werden können und die Erzieher:innen ihrem Bildungsauftrag und ihren pädagogischen Ansprüchen nicht mehr gerecht werden können (vgl. Klusemann et al. 2023).

Personalschwund im deutschen Bildungssystem

Der Personalmangel in deutschen Kitas verschärft sich seit Jahren und hat durch die Pandemie einen weiteren Schub erfahren. Schon heute können viele Kitas ihre Öffnungszeiten nicht mehr gewährleisten, Tendenz steigend. Im kürzlich veröffentlichten „Cornelsen Bildungsindex" gaben 74 Prozent der befragten Expert:innen an, dass sie (sehr) unzufrieden mit der Personalsituation seien (vgl. Cornelsen Verlag GmbH 2023, S. 10). Der Kita-Ausbau verursachte einen höheren Personalbedarf bei gleichzeitiger Tendenz zur Verrentung und stagnierender Attraktivität des Berufsfelds. Nach wie vor ist der Beruf Erzieher:in gesellschaftlich wenig angesehen, Lohn und Aufstiegsmöglichkeiten sind gering bei erheblicher Arbeitsbelastung.

Neue Herausforderungen der letzten Jahre

Mit dem Fachkräftemangel einher gehen seit einigen Jahren Herausforderungen, welche Kitas vor weitere Aufgaben stellen. Migrierte und geflüchtete Familien brauchen eine besondere Unterstützung, die Kinderarmut nimmt zu, „Brennpunkt-Kitas" sind auf sich gestellt, und die Chancenungleichheit verschärft sich. Hier werden Fachkräfte schlicht alleingelassen, und die Gesellschaft versäumt es, sich um die Schwächsten zu kümmern.

Bürokratische Hürden und die Tücken des Föderalismus

Die Länder stehen sich beim Kita-Ausbau selbst im Weg. Viel zu oft verzögern bürokratische Hürden den Bau von Kindertagesstätten, sodass es manchmal Jahre dauert, bis ein Projekt überhaupt genehmigt, geschweige denn abgeschlossen wird. Weitere Problemlagen ergeben sich durch den deutschen Föderalismus: Weil Bildung Ländersache ist, fehlen einheitliche Standards, und Zuständigkeitswirrwar sowie mangelnde Verantwortlichkeiten sind oft die Folge.

Fehlentwicklungen seit der Wiedervereinigung

Deutschland musste nach der deutschen Einheit zwei Systeme vereinen, die sowohl hinsichtlich der Betreuungsstruktur als auch hinsichtlich des Familienbildes differierten. Das hat – wie wir heute im Rückblick erkennen können – einen Reformprozess im Bildungssystem, wie ihn andere europäische Länder vollzogen haben, verschleppt.

Was ist zu tun?

Es ist an der Zeit für nachhaltige Veränderungen. Seit Jahrzehnten werden im Kita-Bereich Vorschläge gemacht, Enttäuschung und Frust formuliert. Es ist an der Zeit, laut zu werden, wachzurütteln und eine **Bildungsrevolution** zu starten.

Hergen Sasse spricht von konstruktiver Aggression, die von Erwartungen über Enttäuschung, Frust und Ärger zu Wut führt (vgl. ebd. 2023, S. 93f.). Nun müssen wir unsere Wut konstruktiv nutzen!

„Ich wünsche mir, dass unser Bildungssystem eines Tages allen Kindern in Deutschland, egal welche soziale und ethnische Herkunft sie haben, optimale Startchancen für ihr Leben bietet. Und das geht zuallererst durch Bildung" (Wehrmann 2023, S. 221). Wir, das Land der (Dichter und) Denker, ein Land ohne nennenswerte Bodenschätze, können es uns nicht erlauben, unsere **einzige Ressource, die Bildung,** zu vernachlässigen. Wir können es nicht dem Zufall überlassen, ob ein Kind in einer Kita mit mittelmäßiger oder ungenügender Qualität, von einer mehr oder weniger feinfühligen Fachkraft betreut wird – und damit, welche Zukunftschancen es hat. Dazu kommt: In unserem föderalistischen System ist Bildung nach wie vor Ländersache; jedes Bundesland hat ganz unterschiedliche gesetzliche Vorgaben und Empfehlungen, und die Qualität ist entsprechend Auslegungssache.

Für eine gute Qualität in Kitas tragen alle Beteiligten Verantwortung: Politik, Träger und ihre Verbände, Leitungen und Fachkräfte. Eine Bildungspolitik, die sich allein auf das Berufsethos und Engagement der pädagogischen Fachkräfte verlässt, ohne gleichzeitig die notwendigen Rahmenbedingungen zu schaffen, „wird die Misere des Bildungssystems nicht lösen" (Martinet 2021, S. 341).

Der Weg zu höherer Qualität in der Frühpädagogik muss ein **gemeinsamer Weg von Politik, Trägern und Mitarbeitenden** sein: Die Politik schafft die Bedingungen, unter denen Träger ihren Mitarbeitenden wiederum die Bedingungen bieten können, die es den Fachkräften ermöglichen, qualitativ hochwertige Bildung und Betreuung zu gewährleisten. Wenn es um gute Bedingungen für Kinder und ihre Entwicklung geht, darf sich keiner mehr rausreden können.

Stellen wir uns vor, dass die Kinder die Blumen sind, die wir zum Blühen bringen wollen: Dann muss die Politik den Blumentopf mit reichhaltiger Erde stellen. Der Träger sät den Samen, und die Fachkräfte in den Einrichtungen gießen, bis aus dem Samen eine Blume entsteht. Damit diese blühen kann, benötigt sie Licht und Wasser und manchmal auch etwas Extra-Dünger. Stehen diese Dinge aber nicht zur Verfügung, wird die Blume gar nicht erst anfangen zu blühen.

Qualitätssicherung als Voraussetzung für Chancengleichheit

Auch der Bund hat das erkannt und 2018 das „Gute-Kita-Gesetz" beschlossen. Der Name klang zunächst vielversprechend: 5,5 Milliarden Euro sollten den Kitas bundesweit bis 2022 zur Verfügung gestellt werden. Letztendlich fielen diese jedoch dem „Flickenteppich des Föderalismus" (Pergande 2019) zum Opfer. Beim Gesetzentwurf hatte man nämlich vergessen, verbindliche Ziele der Qualitätsentwicklung zu formulieren, weshalb die Bundesgelder zu großen Teilen für Maßnahmen zur Beitragsfreiheit ausgegeben wurden (vgl. Göring-Eckardt et al. 2018). Nun hat niemand etwas gegen beitragsfreie Kita-Plätze. Allerdings wird das Ziel des Gesetzes, „die Qualität frühkindlicher Bildung, Erziehung und Betreuung in der Kindertagesbetreuung bundesweit weiterzuentwickeln und die Teilhabe in der Kindertagesbetreuung zu verbessern" (§ 1 KiQuTG), auf diese Weise verfehlt.[1]

1 Welche Maßnahmen hierfür nötig wären, erklären die Betroffenen selbst, nämlich die Kinder, ganz hervorragend in einem Video des BMFSFJ (2019). Online unter: www.bmfsfj.de/bmfsfj/mediathek/so-erklaeren-kinder-das-gute-kita-gesetz-141594 (letzter Zugriff am 15.11.2023).

Mit dem KiTa-Qualitätsgesetz von 2023 versucht man jetzt, zu korrigieren und stärker auf die Weiterentwicklung der Qualität der Kindertagesbetreuung zu fokussieren. **Konkrete Qualitätskriterien** sind jedoch nicht formuliert. Diese braucht es aber – und zwar verbindlich. Und mit der Einführung von bundeseinheitlichen Vorgaben wäre es auch noch nicht getan. Um nachhaltig eine gute Qualität im deutschen Bildungssystem zu erreichen, müssen auch Qualitätssicherungsverfahren – wie übrigens in der Wirtschaft bereits seit den 20er-Jahren Usus (vgl. Erath & Amberger 2000, S. 11) – gesetzlich vorgeschrieben werden.

Qualitätserhebungen, intern wie extern, sollten zum selbstverständlichen Bestandteil des Kita-Alltags werden, um verlässlich eine stetige Weiterentwicklung pädagogischer Qualität zu erreichen (siehe Teil III). In Berlin ist dies bereits der Fall. Auch Waltraud Weegmann, Vorsitzende des Deutschen Kitaverbands, ist der Meinung, dass Bund, Länder und Kita-Träger „den Prozess für ein echtes Qualitätsgesetz mit einer stärkeren Orientierung an der Ergebnis-Qualität wieder aufnehmen [sollten]. Die Bundesländer müssen die Interne und Externe Evaluation als **für alle Kitas verpflichtend** in ihre Kita-Gesetze aufnehmen […]. Die systematische und fachlich begründete Überprüfung und Einschätzung der erreichten Qualität der Kita-Arbeit sollte in einem modernen Bildungssystem selbstverständlich sein“ (ebd. 2021). Diese Qualitätserhebungen müssen trägerübergreifend durch unabhängige Erheber:innen stattfinden, aufgrund ihrer Regelmäßigkeit nachhaltig sein und zu einem obligatorischen Bestandteil des Kita-Alltags werden.

Pädagogische Fachkräfte geben tagtäglich ihr Bestes. Externe Erhebungen sollen ihnen durch wertschätzende Rückmeldungen Impulse geben.

Wir wissen, dass pädagogische Fachkräfte tagtäglich ihr Bestes geben. Bei externen Erhebungen soll es insbesondere darum gehen, durch wertschätzende und ressourcenorientierte Rückmeldungen Impulse zu geben, zu Reflexion anzuregen und so **Weiterentwicklung anzustoßen.** Dass dies gelingen kann, wissen wir aus zahlreichen externen Beobachtungen und den darauf bezogenen Rückmeldungen an Träger, Leitungen und Fachkräfte.

Das Verfahren „PromiK – Professionalität messen in Kitas“ (Wehrmann et al., i.A.) erfasst anders als andere Verfahren die Prozessqualität sehr detailliert und ermöglicht feinteilige und ressourcenorientierte Rückmeldungen. Die Qualitätskriterien aus „PromiK“ sind die Vorlage für dieses Buch.

In der Frühpädagogik müssen Bedingungen geschaffen werden, die **allen** Kindern bestmögliche Bildungs- und Entwicklungschancen bieten.

Qualität vor Quantität

Der Anspruch ist hoch – aber nicht unerreichbar. Wir brauchen allerdings rechtlich festgeschriebene Qualitätsstandards, die unabhängig von Bundesland und Trägern sind. In den 16 (sehr) unterschiedlichen Bildungsprogrammen der Länder sind die angestrebten Bildungsziele beschrieben, an denen die pädagogischen Fachkräfte ihre Arbeit orientieren sollen. Hier tun sich allerdings gleich zwei grundlegende Probleme auf:

1. Wir können nicht davon ausgehen, dass alle Kinder sich die Welt auf die gleiche Art und Weise aneignen. Wir müssen also in der Frühpädagogik Bedingungen schaffen, die **allen Kindern** gute Bildungs- und Entwicklungschancen bieten, indem wir ihre **Individualität** und die Bedeutung des selbstwirksamen Lernens achten.
2. Die Kinder werden später vor ganz anderen Aufgaben stehen als wir heute. Wir können nur raten, welche Kompetenzen sie dafür einmal benötigen werden und die Bedingungen schaffen, die für eine kindgerechte Entwicklung nötig sind: eine **achtsame und bedürfnisorientierte Begleitung** und vielfältige Anregungen (vgl. Hohmann et al. 2023, S. 9f.; Martinet 2021, S. 341).

Wie aber sehen gute Bedingungen für frühkindliche Bildung und Entwicklung aus? Wie also geht Kita gut, im doppelten Sinne?

Wie geht Kita gut?

Das vorliegende Buch beschreibt, wie Kriterien der Struktur- und Prozessqualität gute Voraussetzungen für die frühkindliche Bildung schaffen können. Diese **Qualitätskriterien** werden in zwei Teilen dargestellt: Der **erste Teil** befasst sich mit der Strukturqualität, also den strukturellen Rahmenbedingungen wie Personal-Kind-Schlüssel, die Qualifikationen des pädagogischen Personals, die Räumlichkeiten (Gruppenräume, Außengelände) sowie spezielle institutionsspezifische Merkmale (vgl. auch Tietze 2008). Im **zweiten Teil** werden Aspekte der Prozessqualität dargestellt, die durch Interaktionen der pädagogischen Fachkräfte mit den Kindern, das soziale

Umfeld, die Ausstattung, die Tagesstruktur und die pädagogische Planung beeinflusst werden.

Der abschließende **dritte Teil** beantwortet die Frage, wie die aktuelle pädagogische Qualität durch interne und vor allem externe Evaluation objektiv erfasst, gesichert und weiterentwickelt werden kann. Träger, Fachberatung, Leitung und Team müssen die Qualität im Blick behalten und für den gesamten Tagesablauf regelmäßig überprüfen (lassen): Sind wir bereits da angekommen, wo wir gemeinsam hinkommen wollten, und wenn nicht, was müssen wir in welchen Bereichen zeitnah ändern?

Auch wenn es – gerade im Bereich der Prozessqualität – keine „One size fits all-Lösung" für Kitas gibt, ist das Buch als „Kompass" mit Vorschlägen für Qualitätsmerkmale zu verstehen, die Anregungen für die pädagogische Praxis geben und die Fachkräfte ihrem Anspruch näherbringen können.

Teil I:

WIE SIEHT GUTE STRUKTUR-QUALITÄT AUS?

1.
RÄUMLICHE DIMENSION

2.
GRUPPENGRÖSSEN

3.
PERSONALSCHLÜSSEL, FACHKRAFT-KIND-RELATION UND ARBEITSBEDINGUNGEN

4.
QUALIFIKATION DER FACHKRÄFTE/LEITUNG

5.
MULTIPROFESSIONELLE TEAMS

6.
INKLUSIVE KINDERTAGESEINRICHTUNGEN

7.
UNTERSTÜTZUNGSSYSTEME

8.
FINANZIERUNG

In der Wissenschaft besteht die einhellige Meinung, dass gute pädagogische Qualität angemessene Rahmenbedingungen braucht. Mehrere ineinandergreifende **Strukturmerkale** wie der Personalschlüssel bzw. die Fachkraft-Kind-Relation, die Gruppengröße sowie die Qualifikation und die Bezahlung der pädagogischen Fachkräfte beeinflussen Studien zufolge die pädagogische Prozessqualität (vgl. Viernickel & Fuchs-Rechlin 2016, S. 31ff.; Tietze et al. 2013).

1.

Räumliche Dimension

Raumgröße und -gestaltung zählen zu den **wirkmächtigsten strukturellen Faktoren** der Kindertagesbetreuung.

Die Raumgröße und -qualität beeinflussen die kindliche Entwicklung.

Der Einfluss der Raumgröße und Raumqualität auf die kindliche Entwicklung ist empirisch belegt (vgl. Bensel et al. 2016, S. 320). Untersuchungen zufolge führt mehr Raum zu **positiven Effekten auf Sozialkompetenz und Alltagsfertigkeiten sowie Sprachkompetenz** von Kita-Kindern bis zum Alter von acht Jahren (vgl. Bensel et al. 2016, S. 325ff.). In einer Studie von Vermeer und van Ijzendoorn (2006) zeigten Kinder ein höheres Stressniveau, wenn weniger als fünf Quadratmeter pro Kind zur Verfügung standen. Die bundesweite NUBBEK-Studie führte zu dem Ergebnis, dass mehr Fläche pro Kind die pädagogische Prozessqualität bis hin zur kindlichen Sprachentwicklung positiv beeinflusst. Bei Kindern im Krippenalter traf dies bei mehr Fläche im Innenbereich zu. Größere Außenflächen beeinflussten das Interaktionsklima positiv (vgl. Tietze et al. 2013, S. 80). Auch Bogatzki fand in einem Berliner Projekt heraus, dass Räume Resilienz stärken und ein Kohärenzgefühl entstehen lassen können (vgl. ebd. 2015).

Kohärenzgefühl bedeutet für ein Kind das Vertrauen in seine Fähigkeit, auch in anspruchsvollen Situationen zurecht zu kommen.

In einer Studie von Bensel, Martinet und Haug-Schnabel (2016) wurden neben Fachveröffentlichungen und Angaben einschlägiger Fachgremien und -verbände 24 Raumexpert:innen unter anderem zu den empfohlenen Raumgrößen befragt (vgl. ebd., S. 320). Diese betragen 6 Quadratmeter pro Kind im Innenbereich und 15 Quadratmeter pro Kind im Außengelände – unabhängig vom Alter der Kinder und der Betreuungsform (vgl. ebd., S. 330).

Expert:innen empfehlen 6 Quadratmeter pro Kind im Innen- und 15 Quadratmeter im Außenbereich einer Kita.

Kinder wollen Räume erobern. Das fängt schon bei der Raumgestaltung an: Sie soll den Kindern ermöglichen, sich in den Räumen als kompetent, eigenständig und selbstwirksam zu erleben. Eine entsprechende Raumqualität, die Kindern **verschiedenste Erfahrungsmöglichkeiten** bietet, ist kein Selbstläufer, sondern erfordert vonseiten des Trägers und der Länder **Unterstützungs- und Qualifizierungsangebote** (vgl. Haug-Schnabel & Bensel 2015, S. 4f.).

Die Raumqualität schließt auch **gesundheitliche Aspekte** mit ein, zum Beispiel ein gesundes Umfeld in Bezug auf Klima, Akustik, Licht und Barrierefreiheit. Auch hier sind die Träger verpflichtet, entsprechende **bauliche und organisatorische Maßnahmen** zu ergreifen und diesbezügliche Vorschriften einzuhalten.

Die Größe der Räume und der Außenflächen beeinflusst zum Beispiel die Sozialkompetenz, Alltagskompetenz und Sprachentwicklung der Kinder.

Über diese Räumlichkeiten bzw. Raumbereiche sollten alle Kitas verfügen:

- Außengelände
- Gruppenraum
- Gruppennebenraum/Funktionsraum
- Separater Schlafraum (auch für Kinder über drei Jahre)
- Sanitärbereich (inklusive Pflegebereich für unter Dreijährige) mit Gelegenheiten für Wasseraktivitäten
- Mehrzweck-/Bewegungsraum
- Separater Essraum (Bistro/Kinderrestaurant)
- Weitere Räume zur Differenzierung der pädagogischen Arbeit, zum Beispiel Atelier, Werkstatt und für Kleingruppenarbeit (zur Vertiefung spezieller Themen durch die Kinder)
- Großzügiger Empfangsbereich mit Garderobe (als „Visitenkarte", Willkommensplatz, Treffpunkt und Gemeinschaftsraum)
- „Schmutzschleusen" in den Garten und zu den Toiletten (ohne Gruppenräume als Durchgang zu nutzen) (vgl. Bensel et al. 2016, S. 331)

Die Anordnung der Räume und der Verkehrswege sollte durchdacht sein, um möglichst reibungslose Abläufe zu ermöglichen: keine weiten Wege zum Sanitärbereich, großzügige zentrale Ausgänge in den Außenbereich.

Die Anordnung der Räume und der Verkehrswege sollte nicht dem Zufall überlassen, sondern den Bedürfnissen des Kita-Alltags gerecht werden.

Ratsam ist eine Verbindung zwischen den Räumen in Form von Fenstern, Gucklöchern und überdachten „Verkehrswegen" zwischen Innen- und Außenbereich.

Diese Räume sollten für Leitung und Team zur Verfügung stehen:

- Büro
- Ausreichend Abstellräume in der Nähe der Nutzungsbereiche (Material-, Geräte-, Lager- und Putzraum, Geräteraum im Außengelände)
- Hauswirtschaftsraum, Personal-WC
- Küche
- Funktionale und großzügige Flurbereiche
- Separater Garderobenraum
- Aufenthalts- und Besprechungsraum für die Fachkräfte (inklusive Schreibtische und PCs für die Vor- und Nachbereitung, Bibliothek und Mediathek)
  (vgl. ebd.)

Idealerweise sollten die Räume neben logistischen und organisatorischen Basisfunktionen auch Teambesprechungen und Gespräche mit Eltern[2] in angenehmer Atmosphäre ermöglichen (vgl. Haug-Schnabel & Bensel 2015, S. 7). Nach wie vor werden Raumaspekte in pädagogischen Einrichtungen vonseiten der Länder nicht verbindlich festgelegt. Hier besteht dringender Handlungsbedarf (vgl. Bensel et al. 2016, S. 320ff.).

Dem Deutschen Kinderhilfswerk (o.J.) zufolge sollte bei Kita-Neubauten immer ein ausreichend großes Außengelände eingeplant werden. Für ein **kindgerechtes Außengelände** seien folgende Kriterien genannt:

- Kita-Neubauten sind immer mit einem ausreichend großen Außengelände zu planen. Eine Befreiung von dieser Pflicht darf nur in echten Ausnahmefällen gestattet sein.
- Ein adäquates Außengelände ist auch bei Umgestaltungen oder Erweiterungen von Kindertagesstätten zu gewährleisten.
- Maßgebend für die Größe des Außengeländes sind die gesetzlichen Vorgaben und Richtwerte, die mindestens zehn Quadratmeter pro Betreuungsplatz vorsehen.
- Neben der ausreichenden Größe muss das Außengelände auch Qualitätsstandards erfüllen (z.B. nach DIN 18034). Diesen zufolge ist zum Beispiel auf eine möglichst naturnahe Gestaltung zu achten, ebenso auf Anregungsvielfalt und die Gestaltbarkeit der Spielmöglichkeiten.
- Des Weiteren muss das Außengelände den Altersstufen der Kinder entsprechend gestaltet sein und ihren Bedürfnissen nach selbstbestimmtem Spiel und Bewegung sowie nach Naturerfahrung oder Ruhe und Rückzug gerecht werden.
- Die Gestaltung des Außengeländes soll in Ermangelung adäquater Angebote auf öffentlichen Spielplätzen insbesondere auch den Bedürfnissen von unter Dreijährigen besonders Rechnung tragen.
- Für die Gestaltung des Außengeländes sollten möglichst hohe ökologische Standards gelten.

2 Der Begriff „Eltern" umfasst im Sinne einer „sozialen Elternschaft" alle Personen, die Verantwortung für die Kinder übernehmen (also z.B. auch Stieffamilien, Adoptivfamilien, Pflegefamilien, Regenbogenfamilien, binukleare Familien und auch einige Formen nichtfamilialer sozialer Elternschaft).

- Bei der Planung und Gestaltung des Geländes wird auch die Meinung der Fachkräfte und der Kinder berücksichtigt.
- Im Sinne der inklusiven Kindertagebetreuung ist beim Ausbau oder Neubau von Kitas der Bau von inklusiven und barrierefreien Spielplätzen zu berücksichtigen, nach Maßgabe der entsprechenden DIN-Normen und Richtlinien (vgl. Wehrmann 2023, S. 68).

Wilk, M. & Jasmund, Ch. (2015): Kita-Räume pädagogisch gestalten: Den Raum als Erzieher nutzen. Weinheim: Beltz.

Haug-Schnabel, G. & Wehrmann, I. (Hrsg.) (2012): Raum braucht das Kind. Anregende Lebenswelten für Krippe und Kindergarten. Weimar, Berlin: verlag das netz.

2.

Gruppengrößen

Etliche Studien belegen **positive Zusammenhänge zwischen kleinen Gruppen und besserer Prozessqualität, kindlichem Verhalten und kindlicher Entwicklung** (Howes et al. 1992; Smith 1995; Whitebook 1996; NICHD ECCRN 1999; Harrison 2008; Groark et al. 2013). In einer Studie von Vermeer und van Ijzendoorn (2006) hatten Kinder ein höheres Stressniveau, wenn die Gruppe mehr als 15 Kinder umfasste.

In teiloffenen bzw. offenen Einrichtungen sind die Gruppengrößen, das heißt die Anzahl der Kinder, die einer organisatorischen Einheit zugerechnet werden, größer. Aufgrund mangelnder empirischer Befunde kann derzeit nicht zuverlässig beantwortet werden, ob sich für diese Organisationsformen die gleichen Zusammenhangsstrukturen finden lassen wie für die Arbeit in geschlossenen Gruppen (vgl. Viernickel & Fuchs-Rechlin 2016, S. 34).

Die Gruppengröße beeinflusst die kindliche Entwicklung.

Die Vorgaben der Bundesländer sehen in den meisten Fällen für unter Dreijährige eine Gruppengröße von acht bis zehn Kindern vor, was im Wesentlichen den fachlichen Empfehlungen für diese Altersgruppe folgt. Die Vorgaben für Gruppen für Kinder im Alter von drei Jahren bis zum Schuleintritt liegen bei 20 bis 25 Kindern, womit sie bei Weitem die empfohlenen Gruppengrößen von maximal 18 Kindern überschreiten (vgl. ebd., S. 74). Dazu kommt, dass die Gruppengrößen derzeit durch Ausnahmeregelungen noch weiter angehoben werden dürfen.

Neben einer pädagogisch ausgewogenen Gruppenstruktur hinsichtlich Altersstufen, Geschlecht, Halb- und Ganztagskindern sowie unterschiedlicher Familiensprachen und Kulturen müssten die Kinderzahlen in den Gruppen wie folgt reduziert werden, um pädagogisch wertvolle Arbeit leisten zu können:

Empfohlene Gruppengrößen

- Kinder von 0 bis 3 Jahren: maximal 10 Kinder
- Kinder von 2 bis 6 Jahren: maximal 15 Kinder
- Kinder von 1 bis 6 Jahren: maximal 15 Kinder
- Kinder von 3 bis 6 Jahren: maximal 18 Kinder
  (vgl. Verband KiTa-Fachkräfte Rheinland-Pfalz 2023)

3.

Personalschlüssel, Fachkraft-Kind-Relation und Arbeitsbedingungen

In Bezug auf die Arbeitsbedingungen im Kita-Alltag stoßen die pädagogischen Fachkräfte nach eigenem Bekunden zunehmend an ihre **Belastungsgrenzen.** Die vorhandenen (Personal-)Ressourcen im System der Kindertagesbetreuung können mit den **gestiegenen Anforderungen** an die pädagogischen Fachkräfte und Institutionen nicht mehr Schritt halten (vgl. nifbe 2022a). Die Corona-Pandemie hat diese Entwicklung noch verschärft: Die Anzahl der psychisch belasteten Kinder ist in dieser Zeit von 20 auf 30 Prozent gestiegen, Spannungen in Familien haben zugenommen, bei häuslicher Gewalt ist ebenfalls ein Anstieg zu verzeichnen.

Die **hohe Arbeitsbelastung** wirkt sich auf die pädagogischen Fachkräften aus: Sie weisen im Vergleich mit anderen Berufsgruppen einen sehr hohen Krankenstand aufgrund psychischer Erkrankungen wie Burnout und Depression auf. Es besteht die Gefahr, dass sie den Ansprüchen an eine qualitativ hochwertige Kindertagesbetreuung nicht mehr gerecht werden können (vgl. ebd.).

Der **arbeitnehmerfreundliche Arbeitsmarkt** zeigt jedoch positive Auswirkungen auf die Beschäftigungsbedingungen in Kindertageseinrichtungen:

Der arbeitnehmerfreundliche Arbeitsmarkt wirkt sich positiv auf die Beschäftigungsbedingungen in Kitas aus.

Der Anteil der befristet angestellten pädagogischen Fachkräfte und Leitungen sank von 15 Prozent im Jahr 2015 auf elf Prozent im Jahr 2022. Die Gehälter in der Frühen Bildung sind zwischen 2012 und 2021 um 26 Prozent gestiegen.

Trotz dieser positiven Entwicklung **wächst die Lücke zwischen offenen Stellen und Bewerber:innen.** Im Jahr 2012 kamen noch 142 arbeitslos gemeldete pädagogische Fachkräfte auf 100 offene Stellen, zuletzt waren es nur noch 62. Eine Erklärung dafür wäre, dass die Zahl der Stellenangebote für diese Berufsgruppe in den letzten drei Jahren um 20 Prozent gestiegen, gleichzeitig die Zahl der arbeitslos gemeldeten Personen um vier Prozent zurückgegangen ist. Die berufsspezifische Arbeitslosenquote liegt in der Frühen Bildung bei lediglich 1,1 Prozent, was statistisch mit Vollbeschäftigung gleichzusetzen ist (vgl. DJI 2023).

Forderungen zur Verbesserung der Arbeitsbedingungen

Angesichts der Befunde des Personalchecks der Vereinigten Dienstleistungsgewerkschaft ver.di im Jahr 2022, denen zufolge 93 Prozent der befragten Fachkräfte angaben, ihren eigenen pädagogischen Ansprüchen nicht genügen zu können, und nur circa 13 Prozent das Gefühl hatten, den Bedürfnissen der Kinder gerecht zu werden (vgl. ebd.), erstellte ver.di folgenden Forderungskatalog zur Verbesserung der Arbeitsbedingungen des pädagogischen Fachpersonals in Kindertageseinrichtungen:

Maßnahmen gegen den Fachkräftemangel

Qualifizierung: Rechtsanspruch auf Qualifizierung für alle Beschäftigten in den Kindertageseinrichtungen, einschließlich Quereinsteigern und Assistenzkräften.

Lernort Praxis: Qualifizierung, ein festes Stundenkontingent und eine verbesserte Vergütung gefordert für Anleiter:innen von Auszubildenden und Studierenden, Aufwertung der Ausbildung von Nachwuchskräften, keine Ausbildung „nebenbei“ und keine Anleitungsgespräche in der Freizeit zulasten der Kinder oder anderer Kolleg:innen.

Mobilität: Anerkennung der Berufstätigkeit und der bei anderen Trägern erworbenen Berufserfahrungen.

Verbesserungen der Arbeitsbedingungen

Zeit für mittelbare pädagogische Arbeit: tarifvertraglich festgelegte Anspruchs- und Planungsregelungen von Arbeitszeiten für genau diese Aufgaben für alle Beschäftigten.

Entlastung: Einführung von Entlastungstagen als Konsequenz bei Belastungssituationen.

Finanzielle Anerkennung der Arbeit/Verbesserung der Eingruppierung

Regeleingruppierung: EG S 8b statt bisher in die EG S 8a

Besonders schwierige fachliche Tätigkeiten: Eingruppierung in die EG S 10 statt bisher EG S 8b.

Fachlich koordinierende Tätigkeiten: Eingruppierung in die EG S 11a statt wie bisher EG S 9.
Anpassung der Stufenlaufzeiten: Verkürzung der Stufenlaufzeiten auf die Stufenlaufzeiten, die auch für die allgemeinen Entgeltgruppen gelten.
(vgl. ver.di 2022)

Personalschlüssel

Der Personal-Kind-Schlüssel gehört neben der Gruppengröße und der Qualifikation des pädagogischen Personals zu den zentralen Merkmalen für die Strukturqualität einer Kindertageseinrichtung. Er gibt an, wie viel Personal in einer Kita eingestellt wird, bezogen auf den Zeitraum eines Jahres unter der Annahme einer Vollzeitbeschäftigung.

Der Personalschlüssel setzt die Arbeitszeit einer pädagogischen Fachkraft ins Verhältnis zu den zu betreuenden Kindern.

Er setzt die bezahlte Arbeitszeit einer pädagogischen Fachkraft ins Verhältnis zu den zu betreuenden Kindern und den jeweiligen Betreuungszeiten, sagt aber nichts über die **unmittelbare pädagogische Arbeit** aus, das heißt darüber, wie viel Zeit eine pädagogische Fachkraft tatsächlich für ein Kind hat. Die **Fachkraft-Kind-Relation** berücksichtigt dagegen Zeiten für Urlaub, Krankheit und Fortbildung sowie die mittelbare pädagogische Arbeit.

Empfohlener Personalschlüssel

- für Kinder von 0 bis 1 Jahr: 1:2
- für Kinder von 1 bis 3 Jahren: 1:3
- für Kinder von 3 bis 6 Jahren: 1:7,5
  (vgl. Verband KiTa-Fachkräfte Rheinland-Pfalz 2023)

In der Realität sieht es derzeit folgendermaßen aus: Im Osten betreut eine vollzeitbeschäftigte Fachkraft rechnerisch

- 5,4 Kinder unter drei Jahren oder
- 10,5 Kinder über drei Jahren.

Im Westen kommt eine Fachkraft auf

- 3,4 unter Dreijährige und auf
- 7,7 ältere Kinder ab drei Jahren.

(vgl. Bertelsmann Stiftung 2023)

Für einen **guten Personalschlüssel** sollten folgende Kriterien gelten:

- Eine **unmittelbare pädagogische Arbeitszeit,** das heißt, direkte Kontaktzeit mit den Kindern
- Eine **mittelbare pädagogische Arbeitszeit** für Teamgespräche, Dokumentationen, Elterngespräche etc. von mindestens 25 Prozent der Arbeitszeit
- **Berücksichtigung von Ausfallzeiten** bei Urlaub, Fortbildung oder Krankheit
- **Zusätzliche Fachkräfte** mit sonderpädagogischer und diskriminierungssensibler Ausbildung für inklusives Arbeiten

Mittelbare pädagogische Arbeitszeit

Unter mittelbarer pädagogischer Arbeit werden die Tätigkeiten verstanden, die zur **Vorbereitung, Durchführung und Nachbereitung der unmittelbaren pädagogischen Arbeit mit Kindern** dienen. Diese Arbeitszeit wird für pädagogische Aufgaben außerhalb der direkten pädagogischen Arbeit mit Kindern aufgewendet, zum Beispiel:

- Erstellen von **Dokumentationen und Portfolios** (für jedes einzelne Kind der Gruppe), Planen von Angeboten und Projekten, Materialbereitstellung
- **Zusammenarbeit mit Eltern:** Vor- und Nachbereitung von individuellen Entwicklungsgesprächen, Elternsprechstunden und Familienbildungsangeboten, von Elternabenden, Ausflügen, Festen und anderer gemeinsamer Zeit
- **Kooperation** mit Hoch- und Fachschulen, Anleitung von Praktikant:innen

- Weiterentwicklung der pädagogischen Konzeption, **Evaluation von pädagogischen Qualitätsprozessen,** Schaffung von Freiräumen zum Beispiel zur Teamreflexion, für kollegiale Fallberatungen etc.

Je nach Bundesland werden **20 bis 25 Prozent der vereinbarten vertraglichen Arbeitszeit** als mittelbare pädagogische Arbeitszeit gefordert.

Die mittelbare pädagogische Arbeitszeit sollte 25 Prozent der Arbeitszeit umfassen.

Auch sollte die mittelbare pädagogische Arbeit als **gleichwertiger Bestandteil der Arbeit** und nicht als nachrangig betrachtet werden (vgl. GEW Berlin 2017).

Freistellung der Leitung

Das Leitungspersonal verfügt über unterschiedliche Zeitressourcen, um seine Managementfunktion auszuüben. Die vollständige Leitungsfreistellung sank von 53 Prozent im Jahr 2011 bis 2019 um zehn Prozent auf 43 Prozent (vgl. WiFF 2023).

Mit „Leitungsfreistellung" ist eine vollumfängliche oder teilweise zeitliche Freistellung von der unmittelbaren Arbeit mit den Kindern gemeint, die nach Maßgabe der Mindestpersonalschlüssel der Länder berechnet wird.

Die Kita-Leitung ist verantwortlich für die Bereiche Pädagogik, Personal, Einrichtung und Budget, allesamt von Bedeutung für eine gute Qualität einer Kindertageseinrichtung. Für diese Aufgaben müssen Leitungen genügend Zeit zur Verfügung gestellt bekommen. Träger und die jeweils zuständigen Jugendämter vor Ort entscheiden, ob und in welchem Umfang in einer Kita gesonderte Stunden für Leitungstätigkeiten im Personalschlüssel einer Einrichtung zur Verfügung gestellt werden. Entsprechend gibt es in den Kitas **sehr unterschiedliche Regelungen, teilweise** werden Staffeln angewendet.

Die Leitungsfreistellung beeinflusst die Einrichtungsqualität.

Im Zuge der aktuellen Novellierung des Kita-Gesetzes fordern Gewerkschaften sowie am Verfahren beteiligte Trägerorganisationen und Vertreter:innen der Fachwissenschaften eine **erhebliche Ausweitung der Stunden,** die zukünftig für Leitungsaufgaben verpflichtend bereitgestellt werden sollen (vgl. GEW Rheinland-Pfalz 2023). Die Erfüllung der vielfältigen Leitungsaufgaben erfordert immer mehr Zeit. Für funktionierende Betriebsabläufe müssen „Zeiten für Leitungsaufgaben" bewertet, beziffert und im Dienstplan ausgewiesen durch eine Leitungsfreistellung abgesichert sein. Andernfalls ist ein **unmittelbarer Qualitätsverlust in der Einrichtung** die Folge.

Für die zeitliche **Bemessung der Leitungsfreistellung** können folgende Faktoren eine Rolle spielen:

- **Größe der Teams und Häufigkeit von Personalwechseln** beeinflussen maßgeblich den zeitlichen Aufwand für Personalpflege, Personalentwicklung und Personaleinsatz sowie für die Koordination der Gruppen und Teammitglieder.
- **Vertretungsregelungen**
- **Größe der Einrichtung und Angebotsformen** wirken sich auf die anfallenden Verwaltungsaufgaben und die Beteiligungs- und Mitgestaltungsmöglichkeiten für Eltern aus.
- **Zeiten für Praxisanleitung:** in ausbildenden Einrichtungen
- **Anteil der Teilzeitkräfte** beeinflusst die Möglichkeiten von Delegation, weil diese Mitarbeiter:innen weniger Verfügungszeiten haben und ihnen unter Umständen Gesamtzusammenhänge fehlen.
- **Bauliche Bedingungen**, zum Beispiel Verteilung auf mehrere Stockwerke oder Häuser, lange Wege zwischen den Häusern
- **Trägerstruktur**: Bei Einrichtungen von großen Trägern oder Trägerverbünden stellen sich Aufgaben der Einrichtungsleitung anders dar als bei kleinen Trägern.

  (vgl. Landesverband Katholischer Kindertagesstätten Diözese Rottenburg-Stuttgart e. V. 2014)

Viernickel, S. & Fuchs-Rechlin, K. (2016): Fachkraft-Kind-Relationen und Gruppengrößen in Kindertageseinrichtungen. Grundlagen, Analysen, Berechnungsmodell. In: S. Viernickel et al. (Hrsg.): Qualität für alle. Wissenschaftlich begründete Standards für die Kindertagesbetreuung. 3. Aufl. Freiburg: Herder. S. 10–130.

Krenz, A. (2014): Grundlagen der Elementarpädagogik: Unverzichtbare Eckwerte für eine professionelle Frühpädagogik. München: Burckhardthaus-Laetare.

Viernickel, S.; Nentwig-Gesemann, I.; Nicolai, K.; Schwarz, S. & Zenker, L. (2013): Schlüssel zu guter Bildung, Erziehung und Betreuung – Bildungsaufgaben, Zeitkontingente und strukturelle Rahmenbedingungen in Kindertageseinrichtungen. Berlin: Der Paritätische Gesamtverband. Online unter: www.der-paritaetische.de/fileadmin/user_upload/Publikationen/doc/expertise_gute_bildung_2013_Kapitel_1-3_web.pdf.

4.

Qualifikation der pädagogischen Fachkräfte/Leitung

Trotz der gestiegenen Anzahl der Fachkräfte ist im sozialen Bereich immer noch ein **deutlicher Personalmangel** zu verzeichnen.

Neue Anreize für Erzieher:innen-Ausbildung

Die Qualifikation der pädagogischen Fachkräfte im Elementarbereich ist in Deutschland nach wie vor überwiegend auf **Fachschulniveau** angesiedelt. Sowohl die Ausbildung als auch das Berufsbild der pädagogischen Fachkraft sind weiterhin schwerpunktmäßig auf die Kinder ausgerichtet, wohingegen **andere Aufgabenbereiche nahezu ausgeblendet** bleiben. Bereiche wie Management, Planung, Konzept- und Qualitätsentwicklung oder gezielte Interaktion mit den Eltern sind mittlerweile unverzichtbar, werden aber in der Ausbildung zur pädagogischen Fachkraft nur am Rande behandelt.

Bereiche wie Management und Planung müssen in der Ausbildung thematisiert werden.

Es gibt eine Vielzahl vernünftiger Vorschläge, um hier gegenzusteuern und die Entscheidung zugunsten des Berufs der pädagogischen Fachkraft zu erleichtern:

Vorschläge zur Attraktivitätssteigerung des Berufs der pädagogischen Fachkraft

Im Mittelpunkt stehen verstärkte Bemühungen seitens der Länder, Träger und Ausbildungsstätten um die **Gewinnung von Fachkräften**, indem sie das Interesse potenzieller Fachkräfte an einer Ausbildung mit den nachfolgend beschriebenen Maßnahmen wecken und steigern:

- **Optimierung der Fachkräfteausbildung**, indem die klassische Fachschulausbildung an Fachschulen und Fachakademien für Sozialpädagogik an die Anforderungen des Berufsfeldes angepasst wird;
- **attraktivere Gestaltung der Ausbildung**, beginnend bei den Ausbildungsverträgen über einheitliche und nachvollziehbare Ausbildungsstrukturen und aktuelle Ausbildungsinhalte bis hin zur attraktiven und auskömmlichen Ausbildungsvergütung;

- **genügend Ausbildungskapazitäten**, zum Beispiel Studiengänge an den Hochschulen zur Ausbildung der Fachschullehrkräfte;
- **Einbeziehung von Fachberater:innen und Kita-Leitungen** in die Lehre an Ausbildungsstätten;
- **Erhöhung der Praxisanteile** und Vertiefung der Kooperation mit Fachschulen, um auch die Kitas als Ausbildungsorte stärker in die Ausbildung einzubeziehen;
- Entwicklung von Ausbildungsmodellen, die den Fachschulabsolvent:innen ein **regelmäßiges Einkommen** garantieren;
- Schaffung von Anreizen, die Beschäftigten in den Kitas zu binden, zum Beispiel durch gezielte und kontinuierliche Unterstützung oder gesetzlich festgeschriebene Angebote zur **beruflichen Weiterbildung**;
- **deutliche Steigerung des Akademikeranteils** beim Fachpersonal im Elementarbereich;
- **Aufwertung der Praxisanleitung** in Kindertageseinrichtungen, damit angehende Fachkräfte ihre Kompetenzen auch im Kita-Alltag entwickeln können,;
- **Verbesserung der beruflichen Auf- und Einstiegsmöglichkeiten**;
- **Schaffung guter Durchlässigkeit**;
- **qualitative Weiterentwicklung** der Kindertageseinrichtungen durch Teams mit verschiedenen Professionen und Kompetenzen sowie den Ausbau von Fort- und Weiterbildungsmöglichkeiten (vgl. Diakonie in Niedersachsen 2022; Bertelsmann Stiftung 2022; BMFSFJ 2016).
- Anerkennung von Qualifizierungen zugewanderter Fachkräfte

Angesichts des Fachkräftemangels in Kitas fordern die Diakonie Schleswig-Holstein und der Verband Evangelischer Kindertageseinrichtungen eine **Ausbildungsvergütung in Höhe von mindestens 1.000 Euro im Monat** für pädagogische Fachkräfte und Heilerziehungspfleger:innen (vgl. NDR 2022). Seit dem Jahr 2012 gibt es die **praxisintegrierte Ausbildung (PiA)** für pädagogische Fachkräfte. Das in Baden-Württemberg eingeführte Programm hat sich inzwischen verbreitet und ermöglicht es angehenden Fachkräften, in der Ausbildung nicht auf ein Gehalt verzichten zu müssen. Im Gegensatz zur regulären Ausbildung wird bei PiA die schulische Ausbildung als pädagogische Fachkraft besser mit dem Praxisteil in der jeweiligen Einrichtung verzahnt. Dafür wird die im Schnitt drei Jahre dauernde Ausbildung in eine dreitägige Schulphase und eine zweitägige Praxisphase gesplittet (vgl. Kita.de 2023).

Biografiearbeit und Selbstreflexion in Ausbildungs-curricula übernehmen

Zur Steigerung der Attraktivität des Berufsbildes gehört es aber auch, die **Eignung zur pädagogischen Fachkraft** stärker in das bildungspolitische Interesse zu rücken: Nicht jeder Mensch ist für diesen Beruf gemacht. Pädagogische Fachkräfte brauchen neben umfangreichem Fachwissen auch spezifische soziale Kompetenzen und Reflexionsfähigkeit. Jede Person ist anders und bringt ganz **eigene Ressourcen und Kompetenzen** mit (vgl. Wedewardt & Cantzler 2022, S. 44). Anke Elisabeth Ballmann plädiert deshalb dafür, bereits vor der Ausbildung **Eignungsprüfungen** durchzuführen (vgl. Wedewardt 2020; Wedewardt & Cantzler 2022, S. 12). Denn: Pädagogische Fachkräfte bringen sich als Person mit all ihren Erlebnissen, Überzeugungen und Erfahrungen in die Beziehung mit den Kindern ein (vgl. ebd., S. 16).

Biografiearbeit und Selbstreflexion müssen feste Bestandteile der Ausbildung werden.

In stressigen Momenten greifen Menschen häufig auf ihre **innersten Handlungsstrategien** zurück, auch wenn sie diese bei objektiver Betrachtung oder anschließender Reflexion als ungeeignet und fragwürdig einschätzen würden (vgl. Fonagy & Target 2003). Die Wahrscheinlichkeit ist also sehr hoch, dass pädagogische Fachkräfte ihre eigenen Erfahrungen und unreflektierten Verhaltensmuster in Stresssituationen auch in die Interaktionen mit den Kindern einbringen (vgl. Wedewardt & Hohmann 2021, S. 115). Aus diesem Grund ist es für die Professionalität pädagogischer Fachkräfte unabdingbar, Biografiearbeit fest im Ausbildungscurriculum zu verankern; in einigen Curricula ist dies bereits der Fall. Auch so kann frühzeitig erkannt werden, ob man **für den Beruf geeignet ist oder nicht** (vgl. Wedewardt & Cantzler 2022, S. 11).

Autorengruppe Fachkräftebarometer (2023): Fachkräftebarometer Frühe Bildung 2023. Bielefeld. Online unter: www.weiterbildungsinitiative.de/fileadmin/Redaktion/Publikationen/WiFF_FKB_2023_Web.pdf.

Wedewardt, L. & Cantzler, A. (2022): Sich seiner selbst bewusst sein. Biografische Selbstreflexion. Freiburg: Herder.

Fialka, V. (2020): Handbuch Kita: Leiten und Beraten. Freiburg: Herder.

Ben Sabeur, N. & Bienia, O. (2019): Pädagogische Qualität in der Kita. Reflexionsfragen, Praxisbeispiele, Impulse für den pädagogischen Alltag. Ein Praxisbuch für Teamarbeit und Fortbildung. München: Don Bosco.

Tietze, W. & Viernickel, S. (2016): Pädagogische Qualität in Tageseinrichtungen für Kinder: Ein Nationaler Kriterienkatalog. Erfurt, Berlin: verlag das netz.

5.

Multiprofessionelle Teams

Die Bedingungen des Aufwachsens von Kindern sind in der heutigen Zeit gekennzeichnet durch **Pluralisierung und Individualisierung der Lebens- und Familienformen sowie sozio-kulturelle Diversität,** die häufig mit sprachlicher Vielfalt verbunden ist. Hinzu kommt, dass das Familienleben sich immer stärker nach den Erfordernissen einer sich zunehmend verändernden Arbeitswelt richtet. Gleichzeitig sind die **Bildungs- und Teilhabechancen der Kinder ungleich verteilt,** zudem steigt der Anteil an dauerhaft von finanzieller Armut betroffenen Kindern.

Kitas stehen vor multiplen Herausforderungen.

Diese Entwicklungen stellen Kindertageseinrichtungen als Orte, die außerhalb der Familien mit dem öffentlichen Auftrag der Erziehung, Bildung und Betreuung von Vorschulkindern betraut sind, vor **enorme Herausforderungen,** auch bei der Integration von geflüchteten Kindern (vgl. DV 2016). Im Zuge dessen müssen pädagogische Fachkräfte **immer neue Anforderungen** bewältigen, zum Beispiel Über-Mittag-Betreuung, flexible Öffnungszeiten, Dokumentationspflicht und Qualitätsmanagement. Zudem sind auch für die Kita-Leitungen weitreichendere Aufgaben hinzugekommen. Was aber besonders wiegt: Pädagogische Fachkräfte werden immer häufiger mit Aufgaben konfrontiert, die die Gesamtfamilie der Kinder betreffen. Zum Beispiel, weil immer mehr Eltern als früher **Hilfe und Unterstützung bei der Erziehung** benötigen. Das trifft nicht nur auf benachteiligte Familien zu, sondern zunehmend auch auf Eltern, die beruflich verantwortungsvolle Positionen innehaben. Es bereitet diesen Eltern vermehrt Probleme, den beruflichen Anforderungen und denen an die Familie gleichzeitig gerecht zu werden, wissen Kita-Mitarbeiter:innen aus ihrer Praxis.

Was sind multiprofessionelle Teams?

Multiprofessionalität, verstanden als Zusammenarbeit von Menschen mit unterschiedlichen beruflichen Abschlüssen, kann in unterschiedlichen Konstellationen geschehen. In der eher klassischen Konstellation arbeiten Menschen unterschiedlicher Berufe zusammen, zum Beispiel Lehrer:innen, Sozialarbeiter:innen und Psycholog:innen. Aber auch unterschiedliche Positionierungen innerhalb der Gesellschaft sollten sich im Kita-Personal wiederfinden, da diese sich auf das fachliche Handeln auswirken und darüber entscheiden können, wie der Vielfalt an Lebensgeschichten anderer Menschen begegnet wird (vgl. ISTA/Fachstelle Kinderwelten 2016c, S. 32)

In multiprofessionellen Teams arbeiten Menschen unterschiedlicher Berufsgruppen zusammen.

In Kindertageseinrichtungen arbeiten häufig pädagogische Berufsgruppen zusammen, die **unterschiedliche formale Ausbildungsniveaus** aufweisen, etwa Sozialassistent:innen, pädagogische Fachkräfte, Kindheitspädagog:innen (BA) und Erziehungswissenschaftler:innen (MA). In inklusiven Kindertageseinrichtungen arbeiten **Fachkräfte unterschiedlicher Disziplinen** mit unterschiedlichen Praxis- und Weiterbildungserfahrungen zusammen (siehe Kapitel 6).

Verschiedene Funktionen multiprofessioneller Zusammenarbeit

Multiprofessionelle Zusammenarbeit

- vereinigt **unterschiedliche fachliche Expertisen**, um die Kinder umfänglich zu unterstützen;
- erhöht die **Spannweite der Perspektiven und damit auch das Kompetenzniveau im Team;**
- sichert im Netzwerk die pädagogische Arbeit des Teams in Form eines **Unterstützungssystems** ab und ermöglicht eine **umfassende Fallbearbeitung;**
- kann sich auf **unterschiedliche Konstellationen von Zusammenarbeit beziehen**, zum Beispiel auf
  - verschiedene Berufsgruppen in einem Team,
  - mehrere Einheiten einer Organisation (z.B. Familienzentrum und Kita),
  - Netzwerkkooperationen (z.B. ein Team und andere Professionen, die nicht zu diesem Team gehören).

(vgl. Gerstenberg & Cloos 2021)

Kinder profitieren von multiprofessionellen Teams, weil sie für ihre ganzheitliche Entwicklung unterschiedliche Kompetenzen brauchen. Und die **Teammitglieder profitieren** in ihrer Einrichtung aufgrund von Arbeitserleichterung, Wissenszuwachs und gestiegener Professionalität.

> Verschiedenen Kompetenzen innerhalb eines Teams, sinnvoll miteinander kombiniert, führen zu einer hochwertigen pädagogischen Arbeit.

Werden die verschiedenen Kompetenzen innerhalb eines Teams sinnvoll miteinander kombiniert, entsteht eine hochwertige pädagogische Arbeit (vgl. P_WERK 2023). Die Bedeutung solcher Teams steigt unter anderem deshalb, weil zum Beispiel in den Kitas eine Zunahme von Kindern mit Autismus-Spektrum-Störungen festzustellen ist, und von Kindern, die mit ihrem Verhalten pädagogische Fachkräfte herausfordern. In fast allen Gruppen gibt es Kinder mit Förderbedarf. In diesen Fällen sind klare Diagnosen und gezielte Förderung in kleinen Gruppen unerlässlich. Damit ist das pädagogische Personal auf die Unterstützung von speziell dafür ausgebildeten Fachkräften angewiesen.

> Von Multiprofessionalität profitieren alle.

Auch Eltern können von multiprofessionellen Teams profitieren. Es liegt in der Natur der Sache, dass Eltern nur kleine Ausschnitte von dem, was ihre Kinder in der Kita erleben, mitbekommen. Ein multiprofessionelles Team bietet **neue Chancen für die Kommunikation mit den Eltern,** da unterschiedliche Sprachen, Hintergründe und Lebenserfahrungen auch unterschiedliche Zugänge ermöglichen.

Wichtige Aspekte vor der Teamerweiterung

Angesichts der hohen Anforderungen an frühpädagogische Fachkräfte wird häufig die Frage gestellt, ob zum Beispiel Köch:innen, Gärtner:innen oder Künstler:innen nicht vorab eine Zusatzausbildung benötigen, wenn sie mit kleinen Kindern in der Kita arbeiten.

Fachkräfte anderer Professionen sollten zu Beginn viel Input und Begleitung durch das pädagogische Kernteam erhalten.

Grundsätzlich benötigen alle im Team eine **(pädagogische) Grundhaltung,** die sich in Wertschätzung und Zutrauen gegenüber Kindern und Familien, der Bereitschaft, die Kinder zu begleiten und deren Eigeninitiative herauszufordern, ausdrückt. Diese Grundhaltung bringen Menschen ohne Erfahrungen in der Arbeit mit Kindern und ohne pädagogische Ausbildung nicht immer mit. Deshalb sollte diese Eignung generell schon im Vorfeld geprüft werden. Dazu ist es wichtig, dass die neuen Fachkräfte viel Input und Begleitung durch das pädagogische Kernteam erhalten. Bewährt haben sich Inhouse-Schulungen, bei denen das gesamte Team gemeinsam ein Thema bearbeitet. Eine weitere Möglichkeit besteht darin, den nicht pädagogisch geschulten Fachkräften zumindest für die Dauer der Einarbeitung jeweils eine:n Mentor:in aus dem pädagogischen Kernteam zur Seite zu stellen.

Multiprofessionelle Teams sind dann gut aufgestellt, wenn sie **auf einem Kernteam** aus gut ausgebildeten pädagogischen Fachkräften **aufbauen.**

Ein Kernteam aus gut ausgebildeten pädagogischen Fachkräften kann unterschiedlichste Menschen zusätzlich in das Team integrieren.

Dieses Kernteam ist dann in der Lage, unterschiedlichste Menschen zusätzlich in das Team zu integrieren. Voraussetzung dafür ist, dass sich alle auf einen gemeinsamen roten Faden, eine pädagogische Grundhaltung und gemeinsame Werte verständigen. Da alle aber nicht von vornherein die gleiche Sprache sprechen und die gleiche Haltung mitbringen, sollte das Team durch Fachberater:innen von außen begleitet werden. Sind diese Weichen gestellt, sind unterschiedliche fachliche Kompetenzen eine **echte Bereicherung** – sowohl für das Team, vor allem aber für die Kinder.

Vor der Aufnahme von Fachkräften anderer Professionen ins Team sollten Leitung und pädagogische Fachkräfte sich zunächst einmal darüber einig werden, wie sie „Team" definieren.

Denkbar wäre zum Beispiel, nur das pädagogische Fachpersonal als Team zu verstehen, zusätzlich ein Elternteil mit Expertenwissen etwa im Bereich Natur und Technik, das regelmäßig Angebote für die Kinder durchführt, mit einzubeziehen oder aber Fachkräfte anderer Professionen mit dazuzurechnen, zum Beispiel Logopäd:inen, Musikpädagog:innen oder Ergotherapeut:innen, deren Expertise in Einzelhilfen in Anspruch genommen wird und die sich mit ihrer wertvollen Arbeit in das Team einbringen.

Vor Aufnahme von Fachkräften anderer Professionen ins Team sollte intern zunächst einmal der Teambegriff geklärt werden.

Dabei darf aber nicht übersehen werden, dass sich diese wichtigen Unterstützer:innen vom traditionellen Kita-Personal unterscheiden. So sind sie zum Beispiel nicht auf einer Personalstelle eingestellt, sodass sie im Personalschlüssel nicht berücksichtigt werden. Zum anderen darf man keine pädagogischen Kernaufgaben von ihnen erwarten, wie zum Beispiel:

- kompetente Gestaltung von Eingewöhnungsprozessen,
- entwicklungsbegleitende Beobachtung und Dokumentation,
- Entwicklungs- und Beratungsgespräche mit Eltern,
- Mitwirkung an der Konzeptions- und Qualitätsentwicklung oder
- dialogische und partizipative Gestaltung täglicher Routinen.

Vor der Erweiterung des vorhandenen Teams um neue Fachkräfte anderer Qualifikationen empfiehlt es sich, dass Leitung und pädagogische Fachkräfte Antworten auf folgende Fragen finden:

- Wie ist die Einarbeitung zu gestalten, wenn die alltägliche Praxis (noch) weitgehend unbekannt ist?
- Wer im Team kann die Begleitung dieser Einarbeitung leisten?
- Welche Aufgaben-/Tätigkeitsbereiche können von der neuen Fachkraft ab welchem Zeitpunkt erwartet werden; ab wann ist sie „voll" einsetzbar?

- Wie können Wissenslücken der neuen Fachkräfte geschlossen werden?
  - Welche begleitenden Weiterbildungsangebote sind wann erforderlich?
  - Wie kann im Team mit den Kompetenzunterschieden konstruktiv umgegangen werden?
- Wie können die neuen Fachkräfte ihr fachspezifisches Können, zum Beispiel aus dem heilpädagogischen, medizinischen oder pflegerischen Bereich, möglichst gut einbringen?
- Welche Strukturen erleichtern das Zusammenwirken multiprofessioneller Teams und die Integration neuer Fachkräfte?
- Wie können mögliche Frustrationen oder Konkurrenz verhindert/verringert werden?

Nach der Entscheidung, das Team um eine Fachkraft einer anderen Profession zu bereichern, sollte geklärt werden, wie die persönlichen Ziele, Erwartungen und Perspektiven aller Fachkräfte im erweiterten Team auf Team- und Leitungsebene berücksichtigt werden können. Das ist wichtig, um zum einen die Stabilität des Teams zu fördern und zu festigen, und zum anderen, um allen Teammitgliedern Möglichkeiten der persönlichen und fachlichen Weiterentwicklung zu eröffnen.

Dies erfordert Selbstreflexion und Einfühlungsvermögen, weil die Erfahrung zeigt, dass teilweise nicht einschlägig pädagogisch qualifizierte Fachkräfte automatisch mit Erwartungen konfrontiert werden als seien sie professionelle Fachkräfte. Zudem kann es problematisch werden, dass diese neuen Teammitglieder in der Regel zu 100 Prozent auf den Personalschlüssel angerechnet werden, diesem Anspruch jedoch noch nicht gerecht werden, weil sie eine längere Einarbeitungszeit benötigen oder anfangs wesentlich mehr Unterstützung brauchen.

Voraussetzungen für eine gelingende Multiprofessionalität im Team

- Moderierte Kommunikationsstrukturen
- Hohe Dialogbereitschaft der Mitarbeiter:innen
- Hohes Kompetenzniveau
- Professionelles Selbstverständnis
- Allgemeine Anerkennungskultur der Vielfalt im Team

Voraussetzungen für die Leitung des multiprofessionellen Teams

- Austausch und kollegiale Beratung in multiprofessionellen Leitungs- und Expertenrunden
- Unterstützung durch den Träger
- Supervision, die Teamentwicklungsprozesse unterstützt
- Inhouse-Seminare und Leitungscoaching

Ein **erweitertes Qualifikationsspektrum** eröffnet in der Kita insbesondere folgende Chancen:

- Das **Kompetenzniveau** des ganzen Teams kann durch die unterschiedlichen beruflichen Qualifikationen und zusätzlich erworbenen Kompetenzen steigen und zur Bereicherung der Bildungsangebote der Kita führen.
- Die **Professionalität** des Teams kann durch die Notwendigkeit, sich innerhalb des Teams intensiv, kontinuierlich fachlich auszutauschen und mit den spezifischen professionsbezogenen Kompetenzen auseinanderzusetzen, steigen.
- Die einrichtungsübergreifende **Vernetzung** und damit verbundene Professionalisierung kann zunehmen, wenn Fachkräfte mit Spezialkenntnissen (z.B. Sprachförderung, Heilpädagogik) in mehreren Einrichtungen tätig sind und den fachlichen Austausch der Einrichtungen untereinander bereichern (über internes Coaching, Teamfortbildungen).

Teamerweiterung erfolgreich gestalten

Um einer neuen Fachkraft einen guten Einstieg zu ermöglichen und gleichzeitig das Team und die Leitung zu stärken, sollten die entsprechenden Rahmenbedingungen für eine erfolgreiche Einarbeitungsphase vorliegen, insbesondere:

> Ein guter Einstieg einer neuen Fachkraft hängt von den Rahmenbedingungen für eine erfolgreiche Einarbeitungsphase ab.

- ein passgenaues **Einarbeitungskonzept,**
- einrichtungs- bzw. trägerspezifische **Fortbildungen** (u.a. zum pädagogischen Handlungskonzept, zur Gestaltung von Interaktion und Beziehung, zur entwicklungsbegleitenden Beobachtung und Dokumentation, zur Zusammenarbeit mit Familien),
- ausreichende **Vor- und Nachbereitungszeiten** für die alltägliche Handlungspraxis,
- **Anpassung der Zuständigkeiten und Aufgaben** in der Anfangsphase nach Maßgabe der Praxiserfahrungen,
- regelmäßige **Fach- und Reflexionsgespräche** im Team, begleitende **Coaching- und Supervisionsgruppen.**

Die Aufnahme von Quereinsteigern in das multiprofessionelle Team birgt ein **großes Potenzial,** weil sich daraus eine Zusammenarbeit der pädagogischen Fachkräften mit Menschen ergibt, die völlig andere berufliche Erfahrungen einbringen. Mit ihrem **Spezialwissen** ermöglichen sie Kitas als Bildungsinstitutionen ein breiteres Angebotsspektrum und tragen dazu bei, die geforderte Themenvielfalt professionell abzudecken.

Leitfragen zum Start multiprofessioneller Teams

- Welche Aufgaben müssen gemeinsam angegangen werden?
- Wie wollen wir als Team zusammenarbeiten?
- Wie sind die Verantwortlichkeiten verteilt?
- Wer hat welche Ziele und Erwartungen?
- Wer hat welche Rolle und welche Funktion in diesem Team?
- Wie klären wir Konflikte, und wie kommen wir zu Entscheidungen?

- Wie gestalten wir den Informationsfluss im Team und nach außen?
- Wie organisieren wir unseren eigenen Lernprozess als Team?
- Wie gestalten wir eine regelmäßige Reflexion unserer Zusammenarbeit?

Sturm, B. (2020): Konzept für die Arbeit in multiprofessionellen Teams in Kitas. Berlin: Berliner Kita-Institut für Qualitätsentwicklung (BeKi).

Weltzien, D. & Fröhlich-Gildhoff, K. (2016): Multiprofessionelle Teams in Kindertageseinrichtungen: Evaluation der Arbeitsprozesse und Arbeitszufriedenheit von multiprofessionell besetzten Teams in Baden-Württemberg. Weinheim: Beltz Juventa.

6.

Inklusive Kindertageseinrichtungen

In Zusammenhang mit inklusiven Kindertageseinrichtungen werden vielfach die Begriffe „Inklusion“ und „Integration“ synonym verwendet. Dies ist aber nicht richtig: Der Begriff „Integration“ bedeutet „Eingliedern“, das heißt, alle leben gemeinsam, aber getrennt nebeneinander. Bei der „Inklusion“ werden alle Menschen mit „eingeschlossen“, das System passt sich den individuellen Bedürfnissen an. Ein enger Inklusionsbegriff, von dem in diesem Kapitel ausgegangen wird, beschreibt die Einbeziehung von Menschen mit BeHinderung[3]. Im weitesten Sinne umfasst „Inklusion“ aber alle Aspekte sozialer Vielfalt. Ziel ist immer „die Herstellung von Bildungsgerechtigkeit durch die Reduktion aller Formen von Ausgrenzung und Diskriminierung“ (Richter 2022, S. 21).

Bildlich können die unterschiedlichen Begriffe folgendermaßen dargestellt werden:

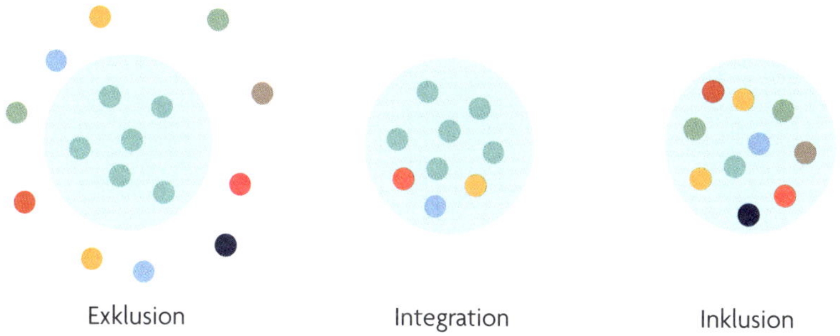

Die integrative Pädagogik versucht, mit der Inklusion neue Wege zu gehen.

3 Der Begriff BeHinderung wird nicht als Kennzeichen einer Person verstanden, sondern als Relation zwischen als behindert bezeichneten Personen, ihrer Umwelt und den existierenden Barrieren, die sie behindern. Um dies zu verdeutlichen, wird an dieser Stelle die Schreibweise BeHinderung verwendet (vgl. Richter 2022, S. 21).

Wer sind Inklusionskinder?

Damit bezieht sich Inklusion nicht nur auf die gemeinsame Bildung von Kindern mit und ohne BeHinderung, sondern verlangt einen individuellen Blick auf die Gesamtheit der Identitätsmerkmale jedes einzelnen Kindes. Inklusionskinder sind im engeren Sinne Kinder mit Beeinträchtigungen. Sie besuchen zusammen mit anderen Kindern ohne Beeinträchtigung eine Einrichtung. Bei der Inklusion hat jedes Kind das Recht, **unabhängig von seinen individuellen Stärken und Schwächen mit in der Gruppe zu leben und zu lernen.** Dabei werden die Fähigkeiten und Möglichkeiten jedes einzelnen Kindes als Bereicherung und Vorteil angesehen.

> Es gilt, einen sorgsamen Umgang mit dem Begriff „Inklusionskind" zu pflegen, um einzelne Kinder nicht zu stigmatisieren.

Hier sei darauf hingewiesen, mit dem Begriff „Inklusionskind" sorgsam umzugehen, um einzelne Kinder nicht offiziell mit diesem Stempel zu stigmatisieren. Gleichwohl haben diese Kinder einen besonderen Förderbedarf, denn sie brauchen Therapien und manchmal auch zusätzliche Unterstützung im Kita-Alltag.

> Inklusion sollte als **gemeinsames Leitbild** in der Einrichtung verankert sein.

Diesem Leitbild folgend ist das Bestreben, innerhalb der Gemeinschaft kontinuierlich **Barrieren abzubauen** und gleichzeitig den **Zugang zu allem für alle zu öffnen.** Dazu spüren im Idealfall das Team sowie die Kinder und Eltern vorhandene Barrieren auf und suchen gemeinsam nach Lösungen, um diese zu beseitigen.

Des Weiteren werden die Rahmenbedingungen der Gruppe so angepasst, dass sich alle Kinder in der Gemeinschaft wohlfühlen und nach Maßgabe ihrer eigenen Bedürfnisse **gefördert** werden können. Dies kann nur gelingen, wenn **alle gemeinsam Inklusion als eine Haltung verinnerlichen,** inklusiv arbeiten zu wollen und wertschätzend miteinander umzugehen (vgl. erzieherin-ausbildung.de 2023a). Diese Haltung spiegelt sich bei den Fachkräften in den nachfolgenden Leitsätzen wider:

Leitsätze zur Inklusion

- Mitmachen können und Partizipation leben dürfen
- Achtung vor anderen und deren Tun als Wertschätzung der Individualität jedes Einzelnen
- Unterschiede können auch Chancen bieten, denn jeder kann etwas gut
- Jeder hat das Recht auf gute Bildung, Erziehung und Betreuung
- Barrieren abbauen wollen bedeutet, zu hinterfragen, welche Probleme gelöst werden müssen, damit alle mitmachen können
- Aufbau gemeinschaftlicher Wertvorstellungen, die nachhaltig für alle gelten und wirken (Kinder, Pädagog:innen, Eltern); diese müssen immer wieder an neue Situationen und Personen angeglichen werden können
- Unsere eigene Haltung bestimmt, wie professionell inklusiv wir selbst arbeiten
  (vgl. Dilk & Dupuis 2011)

Inklusion bedeutet, Kinder nicht in Gruppen zu unterteilen, sondern alle gemeinsam zu betreuen.

Mit dem inklusiven Ansatz werden Kinder nicht nach Neigungen und Fähigkeiten in Gruppen unterteilt, sondern alle, ob mit oder ohne Beeinträchtigungen, in der Kita gemeinsam betreut. Dabei werden die pädagogischen Fachkräfte oftmals auch von spezialisierten Mitarbeiter:innen im **multiprofessionellen Team** unterstützt, um sich um jedes der Kinder bestmöglich kümmern zu können (vgl. ebd.).

Rahmenbedingungen für inklusives Arbeiten

Je nach Bundesland gibt es verschiedene Möglichkeiten, auch in Regeleinrichtungen inklusiv zu arbeiten. Wenn mehrere Kinder mit einer bekannten Beeinträchtigung in einer Gruppe betreut werden, wird der Betreuungsschlüssel verbessert, indem die Gruppe auf maximal 15 Kinder verkleinert wird.

Förderliche Faktoren für eine inklusive Kita-Praxis

- Bildung multiprofessioneller Teams
- Möglichkeit für das gesamte Team, sich regelmäßig zu verschiedenen Aspekten der Inklusion fortzubilden, Fachberatung in Anspruch zu nehmen, an einer Supervision teilzunehmen
- Schaffung der erforderlichen strukturellen Voraussetzungen seitens des Trägers und des Jugendamtes, wie zum Beispiel barrierefreie, ebenerdige Räume
- Einstellung von Integrationshelfer:innen, wenn zum Beispiel sozial-emotionale Auffälligkeiten bei einzelnen Kindern festgestellt werden, die eine Regelgruppe besuchen
- Überarbeitung des pädagogischen Konzepts dahingehend, dass Inklusion einerseits als wichtiger Bestandteil aufgeführt wird, andererseits aber erkennbar ist, dass sie zum Kita-Alltag wie zum Leben außerhalb gehört und eben nichts Exklusives bzw. Besonderes ist

In diesem Zusammenhang sei betont, wie wichtig **Anerkennung** für die seelische Gesundheit von Kindern ist. **Wertschätzung** von außen wie auch der Kinder untereinander stärkt die Persönlichkeit und schafft die Grundlage für Mut für Neues.

> Anerkennung stärkt die Persönlichkeit und schafft Mut für Neues.

Das gilt auch für das kindliche Spiel im Kontext der Inklusion. Denn **Kinder lernen im Spiel** sehr viel und setzen sich mit ihrer Umwelt auseinander. Dabei erwerben sie spielend neues Wissen (Wie funktioniert meine Welt?) und entwickeln ihre Fähigkeiten, Fertigkeiten und Interessen. Sie nehmen soziale Kontakte zu anderen Kindern und Erwachsenen auf. **Anders zu sein stört sie dabei nicht,** wenn Rahmenbedingungen und Haltung stimmen. Auch ein Kind mit Trisomie 21 sucht seine Wege, wie es mit seinem Wissen und seinem Können seine Ziele erreichen kann.

Die gemeinsame Erziehung, Bildung und Betreuung von Kindern mit und ohne Behinderung ist in den Gesetzen der Länder geregelt, in Niedersachsen etwa im Niedersächsischen Gesetz über Kindertagesstätten und Kindertagespflege (NKiTaG). Es sieht die gemeinsame Förderung von Kindern mit und ohne Behinderung vor, die möglichst ortsnah erfolgen sollte. Darauf haben die Träger und die Kommunen hinzuwirken. Die **gemeinsame Förderung von Kindern mit und ohne Behinderung** soll damit der Regelfall sein (vgl. Niedersächsisches Kultusministerium 2023).

Die weiteren exemplarischen Regelungen beziehen sich ebenfalls auf Niedersachsen: Demnach können Kinder mit Behinderung, für die ein heilpädagogischer Förderbedarf von mindestens zehn Stunden wöchentlich festgestellt wurde, gemeinsam mit Kindern ohne Behinderung in einer inklusiven[4] Krippen- oder Kindergartengruppe (auch altersstufenübergreifend) in einer Kindertagesstätte gefördert werden.

Kinder mit Behinderung können gemeinsam mit Kindern ohne Behinderung in einer Krippen- oder Kitagruppe gefördert werden.

Neben der **Reduzierung der Gruppengröße** und der Erhöhung von Verfügungszeit muss in jeder Inklusions-Gruppe zusätzlich eine **pädagogische Fachkraft mit heilpädagogischer Qualifikation** mitarbeiten (z.B. eine staatlich anerkannte Heilpädagogin oder ein staatlich anerkannter Heilerziehungspfleger).

Für das Betreiben einer inklusiven Gruppe in einer Kindertagesstätte ist eine **Betriebserlaubnis** erforderlich, die beim zuständigen Landesjugendamt zu beantragen ist. Voraussetzung für die Erteilung ist, dass der Kita-Träger, die Kommune, das örtliche Jugendamt (örtlicher Träger der Jugendhilfe) sowie der örtliche Träger der Sozial- und Eingliederungshilfe eine Vereinbarung (regionales Konzept) über die Einrichtung und konzeptionelle Ausgestaltung der Inklusions-Gruppen treffen (vgl. ebd.).

Neben der **Finanzhilfe des Landes** für Kindertagesstätten erhalten inklusive Kitas auch **Leistungen für die heilpädagogische Förderung** der Kinder mit Behinderung oder der von Behinderung bedrohten Kinder. Über die Höhe dieser Leistungen schließen der Kita-Träger und der zuständige Sozial- und Eingliede-

4 Im Rahmenplan für eine berufsbegleitende Weiterbildung des Niedersächsischen Kultusministeriums ist von „integrativen Gruppen" die Rede. Wir haben den Begriff bewusst durch „inklusive Gruppen" ersetzt.

rungshilfeträger eine **Leistungsvereinbarung** ab, die die gesetzlichen Mindestanforderungen berücksichtigen muss (vgl. ebd.).

Zur Feststellung des Förderbedarfs eines Kindes halten Kitas spezielle Anträge bereit, die sie gemeinsam mit den Eltern ausfüllen und beim Jugendamt einreichen müssen. Hier brauchen die pädagogischen Fachkräfte ein hohes Maß an Empathie und Geduld, um zu den Eltern ein Vertrauensverhältnis aufzubauen. Die Entscheidung über den besonderen Förderbedarf des einzelnen Kindes trifft letztlich das zuständige Jugendamt, unter Berücksichtigung ärztlicher und therapeutischer Gutachten. Je nach Grad des Förderbedarfs des Kindes kann die Kita dann zum Beispiel **zusätzliche Fachkraftstunden** beantragen.

Qualitätsentwicklung

Inklusion wird die pädagogische Arbeit in Kindertageseinrichtungen, ausgehend von den integrativen Erfahrungen der letzten Jahre, in der Zukunft zunehmend bestimmen, insbesondere in Bezug auf die Weiterentwicklung in der

- individuellen Förderung,
- multisensorischen Ausgestaltung der räumlichen Ausstattung,
- Einbeziehung weiterer Fachkräfte (z.B. Heilpädagog:innen) in die Teamentwicklung,
- Gestaltung der Einrichtungskonzeption,
- Zusammenarbeit mit Eltern und anderen Partner:innen im Umfeld der Einrichtungen.

> Inklusion beginnt bereits in der Kinderkrippe; ihr Erfolg hängt ab von den notwendigen Rahmenbedingungen und Unterstützungssystemen.

Ein **inklusives Bildungssystem,** wie es die Behindertenrechtskonvention seit 2009 für die Bundesrepublik Deutschland verbindlich fordert, beginnt bereits bei der inklusiven Kinderkrippe.

Allerdings hat die Umsetzung nur dann eine Aussicht auf Erfolg, wenn die dafür notwendigen **Rahmenbedingungen inklusive der Unterstützungssysteme** für die pädagogischen Fachkräfte zur

Verfügung stehen. Dass so verstandene Inklusion nicht zum „Nulltarif" zu haben ist oder auf „Sparflamme" gekocht werden kann, dürfte einleuchtend sein.

Die inklusive Qualität bezieht sich stets auf alle Kinder mit ihren individuellen Bedürfnissen und leitet nach dieser Maßgabe die **notwendigen Schritte in der Inklusionsentwicklung** ab.

Becker-Stoll, F.; Reichert-Garschhammer, B. & Broda-Kaschube, B. (2019): Pädagogische Qualität für Kinder mit besonderem Unterstützungsbedarf: Armut, Entwicklungsgefährdung und Fluchterfahrung im Blick. Paderborn: Vandenhoeck + Ruprecht.

Rudolphi, N. & Preissing, Ch. (2018): Schlüssel zu guter Bildung, Erziehung und Betreuung – Finanzierung inklusiv. Länderspezifische Finanzierungssysteme als eine Grundlage von Inklusion in der Kindertagesbetreuung. Hrsg. Diakonie Deutschland et al., Leipzig: DIPF. Online unter: www.der-paritaetische.de/fileadmin/user_upload/Publikationen/doc/181001_expertise_kita_inklusion.pdf.

Albers, T. (2012): Mittendrin statt nur dabei. Inklusion in Krippe und Kindergarten. München: Ernst Reinhardt.

7.

Unterstützungs-systeme

Wie bereits erwähnt, kommen Kitas und Fachkräfte unter den derzeitigen Rahmenbedingungen an ihre Grenzen. Umso mehr bedarf es der Träger und Fachberatungen, welche Entwicklungsprozesse begleiten und die Qualität in Kitas sichern und weiterentwickeln. Eine gute Kooperation aller Beteiligten ist hierfür von zentraler Bedeutung.

Träger

Die Trägerlandschaft ist genauso vielfältig wie qualitativ divergent. Bundeseinheitliche Standards und Auflagen, die trägerunabhängig umgesetzt werden müssen, wären ein wichtiger Schritt auf dem Weg zu mehr Qualität in der Frühpädagogik.

Es braucht bundeseinheitliche Qualitätsstandards, an die sich Träger halten müssen.

Dabei ist die **Trägervielfalt nicht das Problem.** Vielmehr müsste es eine verbindliche **trägerübergreifende Qualitätssicherung** sowie **Einheitlichkeit in Bezug auf finanzielle Förderungen** bundesweit oder zumindest landesweit geben.

Der Träger ist in den Kitas hauptverantwortlich für die **Qualitätssicherung und -weiterentwicklung,** mit ihm steht und fällt die Frage nach den Bedingungen, die Kinder in den Kitas vorfinden. Durch kontinuierliche Überprüfung und Verbesserung der organisatorischen, wirtschaftlichen und pädagogischen Prozesse und Strukturen muss er die Zukunftsfähigkeit seiner Einrichtungen sichern.

Träger müssen die Zukunftsfähigkeit ihrer Einrichtungen sichern.

Um dies zu gewährleisten, sollte es, wie in anderen Branchen auch, eine **Doppelspitze aus wirtschaftlicher und pädagogischer Leitung** geben. So müssen „die Träger lernen, eigenständig und eigenverantwortlich zu agieren. Sie müssen **proaktiv und selbstbewusst** auftreten […] wenn die Kita-Branche ernstgenommen werden will" (Weegmann 2021).

Voraussetzung dafür ist, dass Trägervertreter:innen selbst die notwendigen **Qualifikationen und Kompetenzen** mitbringen, um die gestellten Aufgaben bestmöglich auszufüllen. Wie verhält es sich aber etwa bei Vereinen bzw. Elterninitiativen als Trägern, in denen die Vorstandsmitglieder meist aus der Elternschaft kommen und häufig wechseln?

Es geht auch um **grundlegende Veränderungen der Strukturen und Aufgabenverteilungen** im Kita-Bereich: Solange Verwaltungstätigkeiten wie das Führen von Wartelisten oder Anmeldungen von den Kita-Leitungen übernommen werden müssen, weil für die Träger hierfür kein Budget vorgesehen ist, haben Leitungen und Fachkräfte zu wenig Kapazitäten, um sich angemessen um ihre Kernaufgabe, nämlich die pädagogische Qualität in ihrer Einrichtung, zu kümmern (vgl. ebd.). Vielmehr sollten **Leitungen freigestellt** werden, um den Kita-Alltag durch ihre Fachlichkeit, Vorbildfunktion und Teamcoaching unterstützen zu können (siehe Seite 28f.).

Entscheidend für ein funktionierendes Unterstützungssystem ist das **Vertrauen zwischen Trägervertreter:innen und Leitungen** bzw. pädagogischen Fachkräften in den Kitas. Gleichzeitig ist der Träger für das **Wohl seiner Mitarbeitenden** verantwortlich – auch, aber nicht nur in Bezug auf die Rahmenbedingungen. Für den Fall, dass ein Träger Veränderungsprozesse in Gang bringt, müssen von Anfang an alle Beteiligten **am Prozess partizipieren.** Im besten Fall sollten Träger und Fachkräfte eine **gemeinsame Vision** teilen und auf die Realisierung ihrer Ziele hinarbeiten.

Träger und Fachkräfte sollten eine gemeinsame Vision teilen.

„Verantwortung für pädagogische Qualität" bedeutet für den Träger auch, dass **Fort- und Weiterbildungen pädagogischer Fachkräfte** grundsätzlich gefördert und gefordert werden – und nicht bei Personalknappheit plötzlich gekürzt wird. **Inhouse-Schulungen** bieten ein großes Weiterentwicklungspotenzial. Hierfür muss es eine festgelegte Anzahl an Tagen (wir empfehlen fünf Tage im Jahr) geben. Neben Fort- und Weiterbildungen muss eine **gute Anleitung neuer Fachkräfte** im laufenden Betrieb gesichert sein. Angesichts des Fachkräftemangels werden Träger in Zukunft nicht mehr umhin kommen, **finanziell zu investieren**, um Fachkräfte anzuwerben und auch zu halten. In der Wirtschaft ist das Prinzip „Besserer Input gleich höherer bzw. besserer Output" leitend. In pädagogischen Einrichtungen ist das nicht anders.

Der Träger ist dafür verantwortlich, dass in seinen Kitas innerhalb des Trägerkonzeptionsrahmens Einrichtungs-Konzeptionen, ein Gewaltschutzkonzept, ein Ernährungs-, Eingewöhnungs- und Übergangskonzept sowie ein Konzept zur Zusammenarbeit mit Familien existieren. Darüber hinaus obliegt dem Träger die gesellschaftliche Verantwortung, die **Öffentlichkeit für kinder- und familienpolitische Themen zu sensibilisieren** und sich als diversitätsbewusste und nachhaltige Institution zu präsentieren. Hierfür braucht es auch eine diversitätsbewusste und diskriminierungssensible Personalpolitik. Voraussetzung für gute pädagogische Arbeit ist die **aktive Auseinandersetzung mit aktuellen Fachthemen,** zum Beispiel durch eine angestellte Fachberatung, pädagogische Sachbearbeiter:innen und die Zusammenarbeit mit Ausbildungsinstitutionen.

Träger müssen künftig attraktive Arbeitsbedingungen für Fachkräfte schaffen.

Der Träger ist dafür zuständig, die gesetzlichen Grundlagen sicherzustellen. Selbstverständlich steht es ihm aber frei, Qualitätsstandards festzulegen, die über gesetzliche Mindestanforderungen hinausgehen.

Fachberatung

Eine **Schlüsselfunktion für die Qualitätsentwicklung und -sicherung** in der Kita-Praxis hat auch die Fachberatung (vgl. Preissing et al. 2016, S. 256). Im Idealfall stellt sie das Bindeglied zwischen Kita und Träger, zwischen Forschung und Praxis sowie zwischen Praxis und Politik dar (vgl. nifbe 2023, S. 8).

Die immer anspruchsvollere Arbeit pädagogischer Fachkräfte und die Notwendigkeit guter pädagogischer Qualität macht die **Arbeit der Fachberatung unverzichtbar.** In der Realität gestaltet sich diese Tätigkeit allerdings „äußerst heterogen und ungeregelt“ (ebd.). Länderrechtlich ist die Fachberatungspraxis kaum verankert bzw. konkretisiert (vgl. Preissing & Hermann 2023, S. 12; Deutscher Verein 2018). Auch hier braucht es **bundeseinheitliche Vorgaben.** Paragraf 79a SGB VIII, Qualitätsentwicklung in der gesamten Kinder- und Jugendhilfe, begründet die Notwendigkeit, die **Fachberatung als ein wesentliches Instrument der Sicherung und Weiterentwicklung der Qualität** in der Kin-

Die Arbeit der Fachberatung ist unverzichtbar.

dertagesbetreuung bundesgesetzlich auszugestalten (vgl. Münch 2023, S. 121). Optimistisch stimmt dabei, dass die Fachberatung sich offensichtlich in einem „**dynamischen Prozess der Professionalisierung**“ befindet (vgl. Preissing & Hermann 2023, S. 9).

Maßnahmen zur Veränderung der Rahmenbedingungen von Fachberatung

Die rechtliche Absicherung der qualitativen und quantitativen Ausgestaltung von Fachberatung: Fachberatung für Kindertageseinrichtungen sollte als Pflichtleistung im SGB VIII verankert werden.

Berufsprofil und Aufgaben von Fachberatung: Die Aufgaben von Fachberatung sollten auf die Qualitätsentwicklung und -sicherung der pädagogischen Arbeit in den Kindertageseinrichtungen und Kindertagespflegestellen fokussiert werden. Dazu gehören die unmittelbare fachliche Beratung von Einrichtungsträgern, Leitungskräften und pädagogisch Tätigen ebenso wie der Transfer zwischen Wissenschaft und Fachpraxis sowie zwischen Fachpraxis und Politik.

Die bedarfsgerechte personelle Ausstattung mit Fachberatung: Eine mit voller Stundenzahl tätige Fachberatungskraft sollte grundsätzlich für nicht mehr als 20 Einrichtungen zuständig sein. Gehören auch Fach- und Dienstaufsicht zu den Aufgaben der jeweiligen Fachberatung, müssen, um ausreichend Zeit für die pädagogische Beratung zu gewährleisten, zusätzliche Stellenanteile bereitgestellt werden. Gleichzeitig sind Arbeitszeitanteile für die eigene Fort- und Weiterbildung der Fachberater:innen und andere „mittelbare“ Arbeitstätigkeiten (z.B. Eigenstudium, eigene Vernetzung, Mitwirkung an fachpolitischen Gremien, Aktualisierung von Arbeitsmaterialien, Dokumentationen) einzubeziehen.

Die Wahrnehmung von Fachberatung durch die Praxis: In den Regelungen für die Personalausstattung in Kindertageseinrichtungen sind ausreichende Zeitanteile für die Wahrnehmung von Fachberatung und Fortbildung zu berücksichtigen.

Qualifikationsprofil und Aufgaben von Fachberatung: Ein einschlägiges Hochschulstudium und eine (mehrjährige) Berufspraxis in Leitungsfunktionen oder im Bereich der Erziehung, Bildung und Betreuung von Kindern sollten als Eingangsvoraussetzung für die Tätigkeit als Fachberater:in gelten.

Die Fort- und Weiterbildungssituation von Fachberatung: Es braucht ein zwischen öffentlichen Trägern, den Trägerverbänden der freien Wohlfahrtspflege, den Ländern, dem Bund und den für die Ausbildung zuständigen Hochschulen abgestimmtes Qualifizierungskonzept für Fachberatung. Jede:r Fachberater:in sollte arbeitsvertraglich zur Wahrnehmung von Fort- und Weiterbildung verpflichtet werden.

Systematische und kontinuierliche Qualitätsentwicklung für die Arbeit von Fachberatung: Eine kontinuierliche Professionalisierung von Fachberatung benötigt fachlich fundierte Qualitätskriterien und darauf basierende Selbstevaluations-Instrumente, die sich nach den Aufgabenfeldern von Fachberatung gliedern. In einem Fachdiskurs zwischen Fachberater:innen mit allen im System der Kindertagesbetreuung verantwortlichen Akteursgruppen sollte unter Einbeziehung der Wissenschaft ein Qualitätsentwicklungs- und Evaluationskonzept für Fachberatung erarbeitet werden. Mit den Anstellungsträgern von Fachberater:innen sollten die für die Finanzierung von Fachberatung zuständigen Stellen Vereinbarungen treffen, die eine kontinuierliche Selbstevaluation der Fachberatung sicherstellen.

Die Erhebung von Daten zur Fachberatung durch die Kinder- und Jugendhilfestatistik: Es wird empfohlen, in den jährlichen Abfragen der statistischen Landesämter und des statistischen Bundesamtes mindestens folgende Grunddaten zu erheben: Verfügbarkeit von Fachberatung beim Träger einer Kindertageseinrichtung; Zuständigkeit einer Vollzeitstelle für wie viele Einrichtungen; Qualifikationsanforderungen an Fachberatungskräfte.

(nach Preissing et al. 2016, S. 257f.)

nifbe (Hrsg.) (2023): Fachberatung auf dem Weg zur Profession? Freiburg: Herder.

8.

Finanzierung

Die Finanzierung der Kindertageseinrichtungen wird laut Sozialgesetzbuch (SGB) VIII im **jeweiligen Landesrecht geregelt.** Aufgrund dessen sind die Strukturen, Verantwortlichkeiten und die Höhe der Finanzierung der Kindertagesbetreuung im föderalen Deutschland höchst unterschiedlich. Mutet die Situation in den Stadtstaaten, wo Land, Kreis und Gemeinde zusammenfallen, noch überschaubar an, stellt sich die Kita-Finanzierung in den Flächenländern weitaus komplizierter dar: Land, Landkreise und Gemeinden zahlen jeweils direkt an den Träger der Einrichtung oder finanzieren sich gegenseitig.

Weil die Finanzierung aber nicht nur in den Kita-Gesetzen, sondern auch in zusätzlichen Verordnungen und Richtlinien geregelt wird, ist ein **Überblick über die Bundesländer kaum möglich,** zumal sich erst vor dem Hintergrund der allgemeinen Finanzausstattung von Land, Kreisen und Gemeinden sowie des kommunalen Finanzausgleichs ein stimmiges Bild ergibt. So benötigen zum Beispiel finanziell relativ gut gestellte Kommunen weniger Zuweisungen über das Kita-Gesetz (vgl. GEW 2016).

Bei der Finanzierung wird **unterschieden zwischen Objekt- und Subjektfinanzierung.** Objektfinanzierung liegt vor, wenn die Einrichtung unabhängig von der konkreten Belegung der Plätze bezuschusst wird. In diesem Fall hat der Träger Planungssicherheit, muss aber mit Kontrollen rechnen, ob die Platzreserven auch tatsächlich ausgeschöpft werden. Bei Unterschreitung drohen Finanzierungsabzüge. Bei der Subjektfinanzierung ist nur die Zahl der tatsächlich belegten Plätze in der Einrichtung maßgeblich. Dabei werden zumeist zusätzlich das Alter der Kinder, der zeitliche Betreuungsumfang und auch andere Faktoren berücksichtigt. In Bayern etwa erhöhen sich die Zuschüsse, wenn Kinder nicht deutschsprachiger Herkunft oder mit Behinderung in der Einrichtung sind. Eine „klassische" Form der Subjektfinanzierung ist der „Betreuungsgutschein", der, wie in Hamburg, dem Kind die Erfüllung des Rechtsanspruchs auf einen Kita-Platz und dem Träger eine bestimmte Finanzierung garantiert.

> Wenn der Staat seinen Bürgern eine Leistung garantiert, ist nicht nachvollziehbar, warum sich die Leistungserbringer nicht an deren Finanzierung beteiligen sollen.

Fast überall verlangen die Träger der Einrichtungen eine **finanzielle Eigenleistung von den Eltern.** Diese geht auf die Zeiten zurück, als sich die Wohlfahrtsverbände und Kirchen um die Kinder kümmerten und der Staat deren Tätigkeit nur „förderte". Spätestens seit der Rechtsanspruch Eltern einen Kita-Platz garantiert, ist die **verlangte Eigenleistung eigentlich obsolet.**

Die Finanzierungsbeteiligung des Bundes beschränkt sich auf den Ausbau der Betreuung für unter Dreijährige, die damit verbundenen „Zuschüsse zu den Betriebskosten" sowie zahleiche Förderprogramme (vgl. GEW 2016). Demgegenüber gibt es viele gute Gründe für die **dauerhafte finanzielle Beteiligung des Bundes an der Kindertagesbetreuung,** insbesondere, weil er durch die Einführung des Rechtsanspruchs auf Kindertagesbetreuung ab dem vollendeten ersten Lebensjahr die Nachfrage deutlich stimuliert hat (vgl. Espenhorst 2021).

Grundsätzlicher Reformbedarf der Finanzierung

Bei der Betrachtung der Finanzierung der frühkindlichen Bildung und Betreuung in Deutschland fallen sofort die Tücken des föderalen Systems auf: In Deutschland gibt es **16 unterschiedliche Finanzierungssysteme für den Elementarbereich** – in jedem Bundesland ein anderes. In Berlin zum Beispiel kommen 19 unterschiedliche Pauschalen für die Kita-Betreuung hinzu. Eine grundlegende Reform des deutschen Kita-Finanzierungssystems ist ohne Auflösung dieses Wirrwarrs und ohne eine Einführung einheitlicher Finanzierungsstandards kaum denkbar.

Auch die Kita-Finanzierung muss bundeseinheitlich geregelt werden.

Und vor allem ein gravierender Missstand muss dringend abgeschafft werden: Die Bildungschancen der Kleinsten hängen vom Willen der Träger und von der Finanzkraft der Kommunen bzw. der Entscheidung von Bürgermeister:innen und Lokalpolitiker:innen ab, da Kindertagesstätten eine **kommunale Angelegenheit** sind (vgl. Wehrmann 2023, S. 217).

Der Ausbau der ganztägigen Betreuung für Kinder im Vorschul- und Schulalter wird voraussichtlich höhere Personalkosten und zusätzliche Mittel für Infrastrukturmaßnahmen mit sich bringen. Aufgrund der vielerorts angespannten Finanzlage der Kommunen sollten **zusätzliche Möglichkeiten des finanziellen Ausgleichs** der Angebote der Kinder- und Jugendhilfe als Teil der kommunalen Bildungslandschaft erwogen und geprüft werden. In Kommunen, die kein

Geld haben, ist diese drohende Entwicklung bereits zu beobachten: In sozialen Brennpunkten und dort, wo Eltern nicht berufstätig sind, werden Ganztagsplätze abgebaut, Freizeitheime und Jugendbibliotheken werden geschlossen.

Man kann es nicht oft genug wiederholen: Der Bund – nicht die einzelne Kommune – muss zuständig sein für Qualitäts- und Ausbildungsstandards, für die Rahmenbedingungen frühkindlicher Bildung und Erziehung und für die Qualitätskontrolle, zumal die meisten Kommunen als öffentliche Jugendhilfe- und Aufwandsträger in ihren finanziellen Möglichkeiten angesichts der Größe der Aufgaben überfordert sind.

Der Bund muss sich finanziell stärker am Kita-System beteiligen.

Dies erfordert eine **Finanzverfassungsreform,** die über eine Gemeindefinanzreform hinausgeht, und zwar dahingehend, dass der Bund sich – wie im Hochschulbereich auch – am Aus- und Umbau der Kindertageseinrichtungen und an der notwendigen (EDV-)Ausstattung finanziell beteiligt.

Generell ist nach Lösungen zu suchen, die zu einem **effizienteren Mitteleinsatz und zur Budgetanhebung** führen. Im internationalen Vergleich und im nationalen Bildungsstufenvergleich ist in Deutschland der Elementar- und Primarbereich deutlich unterfinanziert.

Der hohe Stellenwert der frühkindlichen Förderung und der große volkswirtschaftliche Nutzen erfordern eine **Umverteilung** innerhalb der öffentlichen Haushalte.

Weidemann, I. (2018): Rund ums Geld in der Kita: Kostenplanung, Projektmittel & Spenden. Freiburg: Herder.

Bertelsmann Stiftung (Hrsg.) (2017): Die KiTa-Betriebskostensystematik. Gütersloh: Bertelsmann Stiftung.

Meysen, T.; Beckmann, J.; Reiss, D. & Schindler, G. (2014): Recht der Finanzierung von Leistungen der Kinder- und Jugendhilfe. Rechtlicher Rahmen und Perspektiven im SGB VIII. Baden-Baden: Nomos.

Empfohlene Qualitätsstandards zur Strukturqualität

Raumgrößen

- 6qm pro Kind innen
- 15qm pro Kind außen

(unabhängig von der Betreuungsform)

Gruppengrößen

- Kinder von 0 bis 3 Jahren: maximal 10 Kinder
- Kinder von 2 bis 6 Jahren: maximal 15 Kinder
- Kinder von 1 bis 6 Jahren: maximal 15 Kinder
- Kinder von 3 bis 6 Jahren: maximal 18 Kinder

Personalschlüssel, Fachkraft-Kind-Relation

- für Kinder von 0 bis 1 Jahr: 1:2
- für Kinder von 1 bis 3 Jahren: 1:3
- für Kinder von 3 bis 6 Jahren: 1:7,5
- mittelbare pädagogische Arbeitszeit (mpA): min. 25%

Teil II:

WIE SIEHT GUTE PROZESSQUALITÄT AUS?

9.
ENTWICKLUNGS- UND BILDUNGSBEGLEITUNG

10.
RAUM UND AUSSTATTUNG M INNENBEREICH

11.
RAUM UND AUSSTATTUNG IM AUSSENGELÄNDE

12.
ALLTAGSGESTALTUNG

13.
KÖRPERLICHES UND PSYCHISCHES
WOHLBEFINDEN, GESUNDHEIT

14.
HALTUNG, WERTEVERMITTLUNG
UND PARTIZIPATION

15.
DIVERSITÄTSORIENTIERTE INKLUSION

16.
ALTERSMISCHUNG

17.
ERZIEHUNGS- UND BILDUNGSPARTNERSCHAFT
MIT FAMILIEN

18.
SOZIALRAUMÖFFNUNG UND VERNETZUNG

Als Prozessqualität wird jene Qualität bezeichnet, die in Interaktionen direkt beim Kind ankommt, das heißt in der Kommunikation zwischen Kindern und pädagogischen Fachkräften, aber auch innerhalb und zwischen allen anderen beteiligten Gruppen (Kindern, Team, Eltern etc.) in der Kita (vgl. Strehmel 2020). Aber auch die Materialien, die Tagesstruktur und die didaktischen Planungen der pädagogischen Fachkräfte beeinflussen die Prozessqualität (vgl. Tietze 2008).

Die Prozessqualität wird durch die Strukturqualität beeinflusst.

Studien belegen, dass pädagogische Prozessqualität in der Kita nicht von einem einzigen Merkmal bestimmt wird, sondern von einem **komplexen Zusammenspiel diverser Faktoren** (vgl. Viernickel et al. 2015, S. 17), zum Beispiel der Fachkraft-Kind-Relation, der Gruppengröße, der pädagogischen Qualifikation von Fachkräften und Leitung sowie deren Zeitkontingent für die Leitungstätigkeit. Dazu gehört neben der Gesundheit und Arbeitsfähigkeit der Mitarbeiter:innen auch die räumliche und materielle Ausstattung der Einrichtung. Die Qualitätskriterien für alle Handlungsfelder der Prozessqualität werden im Folgenden dargestellt.

9.

Entwicklungs- und Bildungsbegleitung

Im Vordergrund eines modernen Bildungsverständnisses steht nicht die ERziehung, sondern die BEziehung zwischen pädagogischen Fachkräften und Kindern (vgl. de Rodriguez 2020, S. 16ff.). Schließlich muss an Kindern nicht „gezogen" werden, sondern sie müssen in ihrer individuellen Entwicklung begleitet werden. Insofern ist auch der Begriff des/der Erzieher:in kritisch zu betrachten.

Beziehung und Interaktion

Das A und O pädagogischer Prozessqualität und Voraussetzung für Bildung ist eine gute Beziehung zwischen Fachkraft und Kind.

Die fünf Aspekte für professionelles pädagogisches Verhalten

1. Zuwendung
2. Sicherheit durch Verfügbarkeit
3. Fähigkeit zur Stressreduktion
4. Explorationsunterstützung
5. Assistenz bei schwierigen Aufgaben
   (vgl. Ahnert 2007, S. 33f.)

Responsivität pädagogischer Fachkräfte

Kinder bauen zu pädagogischen Fachkräften eine Beziehung (auf Zeit) auf, die „bindungsähnlich" (Wertfein & Niesel 2016, S. 145) ist. Die **sensitive Responsivität** der pädagogischen Fachkräfte ist entscheidend für die Beziehungsqualität zwischen Fachkraft und Kind und damit **Grundlage aller Interaktionen** (vgl. Ainsworth et al. 1978; Remsperger 2011, S. 125).

Eine Bezugsperson handelt feinfühlig, wenn sie in der Interaktion mit dem Kind

1. die Signale des Kindes bemerkt,
2. sie richtig interpretiert und
3. angemessen (situationsangemessen und altersangemessen) und prompt auf die Signale des Kindes reagiert.

Das heißt, Bezugspersonen müssen ihr Verhalten gut auf das Kind abstimmen (vgl. Gutknecht et al. 2017, S. 5; Viernickel & Fuchs-Rechlin 2016, S. 30).

Die Bedeutung responsiver Verhaltensweisen ist unter anderem darauf zurückzuführen, dass eine gelingende emotionale Abstimmung der Fachkraft auf das Kind Anti-Stress-Hormone wie zum Beispiel Oxytozin im Gehirn des Kindes aktiviert (vgl. Moberg 2016; Jansen & Streit 2015).

Responsivität ist die gelingende emotionale Abstimmung der Fachkraft mit dem Kind.

Die pädagogische Fachkraft reguliert durch ihre Responsivität den emotionalen Zustand des Kindes und reduziert bei ihm das Stresserleben.

Nun besteht die große Verantwortung und Herausforderung pädagogischer Fachkräfte darin, die **Bedürfnisse eines jeden Kindes** innerhalb einer Kindergruppe zu berücksichtigen und dabei gleichzeitig die **Gruppendynamik zu regulieren** (vgl. Ahnert 2004, 2007). Der Aufwand lohnt sich aber! Laut Wedewardt und Hohmann (2021) ist langfristig mit weniger Widerstand vonseiten der Kinder zu rechnen, wenn ihre Gefühle und Bedürfnisse zuverlässig wahrgenommen werden. Sie entwickeln in der Folge mehr Verständnis, Empathie und Toleranz ihren eigenen Bedürfnissen und denen der Gruppe gegenüber (vgl. ebd., S. 69). Eine „Bedürfnispriorisierung“ kann hier hilfreich sein: Alle Bedürfnisse der Gruppe werden zunächst benannt und einander gegenübergestellt. Nun erstellt die Fachkraft eine Bedürfnishierarchie, die sie kommuniziert: „Nun tröste ich erst Ida, dann hole ich euch beiden die Kiste runter, und danach muss ich dringend auf die Toilette!“ (vgl. ebd.).

Die **Qualität der Fachkraft-Kind-Beziehung** gilt als Schlüssel für eine erfolgreiche sozial-emotionale Entwicklung des Kindes (vgl. Grossmann 2000), als Voraussetzung für die Entwicklung von Resilienz (vgl. Wustmann 2004), als Grundlage für kognitive, sprachliche und sozioemotionale Lernfortschritte (vgl. Wildgruber et al. 2016) sowie als Voraussetzung dafür, dass Kinder Gefühle zeigen und ihre Äußerungen und Handlungen ausweiten (vgl. Remsperger 2011).

Hierfür bedarf es ausreichender zeitlicher Ressourcen, einer angemessen Fachkraft-Kind-Relation sowie kleiner und stabiler Gruppen (vgl. Becker-Stoll 2017; Suess 2011). Die derzeitigen strukturellen Rahmenbedingungen in Kitas erlauben es häufig nicht, **angemessen auf die Signale und Bedürfnisse von Kindern einzugehen** (vgl. Remsperger 2011; Sommer & Sechtig 2016).

Die Beziehung entsteht langsam in der Eingewöhnung (siehe Seite 77ff.) und wird durch **Zugewandtheit, Aufmerksamkeit** für das Kind und eine hohe Antwortbereitschaft gefestigt. Hierzu ist zunächst ein hohes Maß an **Kontinuität** entscheidend. Kinder brauchen Bezugspersonen, die ihre Bedürfnisse erkennen, benennen und beantworten, dabei Feinzeichen (gerade der Jüngsten) wahrnehmen und voraussagbar handeln. So kann sichergestellt werden, dass die Kinder nicht unter- oder überfordert sind und sich sicher fühlen.

Voraussetzung für Bildung

Besonders im Kleinkindalter hängen Lernen und Entwicklung maßgeblich von einer **sicheren Beziehung** zu einer Bezugsperson ab (vgl. Völkel & Viernickel 2009, S. 5; Ahnert 2004; Datler et al. 2012). Denn nur ein Kind, das sich sicher und geborgen fühlt, kann seine Umgebung erkunden (vgl. Bethke et al. 2009, S. 13f.).

Lernen und Entwicklung hängen von der Beziehungsqualität ab.

John Bowlby beschreibt in seiner **Bindungstheorie** den Zusammenhang von Bindungs- und Explorationsverhalten. Bei Verunsicherung und Angst wird das Bindungssystem des Kindes aktiviert, bei Wohlbefinden das Explorationssystem (vgl. Bowlby 2008; Alemzadeh 2023, S. 13).

Exkurs: Das kindliche Lernen

Lernen ist ein **natürlicher Prozess**, der jederzeit stattfindet. Es ist gar nicht möglich, nicht zu lernen, weil bei jeder Erfahrung, die ein Kind macht, **neuronale Verbindungen** im Gehirn entstehen (vgl. Spitzer 2007). Kinder lernen am effektivsten, wenn dabei **positive Emotionen** wie Neugierde, Interesse, Freude oder Stolz empfunden werden. Sie motivieren sich selbst, also intrinsisch. Sie wollen lernen, wenn sie dabei selbstbestimmt sind und man ihnen die Zeit, den Raum und die nötige Anregung bereithält. Am liebsten lernen Kinder in direkter sozialer Interaktion **(Ko-Konstruktion)** (vgl. Schäfer 2004) und am **Vorbild** (vgl. Stangl 2021). Frust, Wut, Ärger, Angst, Scham, Stress, Druck, Zwang, Ohnmacht, unerfüllte Bedürfnisse (Hunger, Durst, Schlaf, Wertschätzung, Sicherheit), Unterbrechungen von außen, zu wenig passende Anreize, Über- oder Unterforderung hemmen hingegen das Lernen (vgl. Spitzer 2007).

Bei **intrinsisch motiviertem Lernen** wird der Botenstoff Dopamin im Gehirn ausgeschüttet. Er sorgt für ein Glücksgefühl und bringt uns in einen Flow-Zustand, also das beglückende Gefühl einer völligen Vertiefung und ein Aufgehen in einer Tätigkeit, die wie von selbst geschieht (vgl. Wedewardt & Hohmann 2021, S. 127).

Um Kindern Lernen zu ermöglichen, braucht es also keine von Erwachsenen konzipierten Lernsituationen. Wenn wir davon ausgehen, dass Kinder sich höchst unterschiedlich entwickeln und ganz individuelle Interessen und Bedürfnisse haben, sollten pädagogische Fachkräfte vielmehr ihre **Beobachtungskompetenzen** dahingehend schulen, die Themen und Lernbedürfnisse der Kinder wahrzunehmen und bei Bedarf „zuzufüttern".

„Wenn Kinder das lernen können, was ihrem Interesse, ihren Fähigkeiten und ihrer inneren Motivation entspricht, erleben sie ein **Kohärenzgefühl**, ein Gefühl voller Glück und Zufriedenheit. Diese Empfindung prägt sich ein" (ebd.).

Insofern ist der Druck, **schulische Vorläuferfähigkeiten** zu entwickeln, kontraproduktiv. Ohnehin wird es zukünftig nicht Menschen brauchen, die alle das Gleiche erfüllen können. Vielmehr wird die Gesellschaft auf kreative, innovative, kritische Menschen mit Problemlösefähigkeiten angewiesen sein, die wissen, wo ihre Fähigkeiten und Stärken liegen (vgl. Helle & Fløgstad 2020, S. 217).

Finden Kinder **Lernräume** vor, in denen sie genügend Anregung finden, sich frei und unbefangen ausprobieren dürfen, werden sie sich „schulischen Vorläuferfähigkeiten" von ganz allein widmen, sobald sie den **Sinn darin sehen** und sich **aus sich heraus motiviert** fühlen (vgl. Wedewardt & Hohmann 2021, S. 126, 139).

Die **individuellen Lernwege und Interessen** der Kinder müssen von den Fachkräften begleitet werden. Die Kinder sollten selbst entscheiden dürfen, **mit wem sie spielen** oder ob sie lieber alleine spielen möchten (siehe Seite 146ff.). Eine **Balance** zu schaffen zwischen Aktivitäten alleine, in Kleingruppen oder in der Gesamtgruppe, ist Bestandteil professioneller Didaktik (siehe Seite 110ff.).

Franz, M. (2023): „Heute wieder nur gespielt" – und dabei viel gelernt! Den Stellenwert des kindlichen Spiels überzeugend darstellen. Pädagogisches Wissen zu Spielformen und Bildung für Kita-Kinder. München: Don Bosco.

Wedewardt, L. & Hohmann, K. (2021): Kinder achtsam und bedürfnisorientiert begleiten in Krippe, Kita und Kindertagespflege. Freiburg: Herder.

Haug-Schnabel, G. & Bensel, J. (2017): Grundlagen der Entwicklungspsychologie. Die ersten 10 Lebensjahre. Freiburg: Herder.

Hörmann, K. (2014): Die Entwicklung der Fachkraft-Kind-Beziehung. Kita-Fachtexte. Online unter: www.kita-fachtexte.de/fileadmin/Redaktion/Publikationen/KiTaFT_hoermann_2014.pdf.

Schäfer, G. (2004): Bildung beginnt mit der Geburt. Berlin: Cornelsen.

Sprache und Kommunikation

Die Sprachkompetenz entscheidet über die Teilhabe der Kinder und damit über ihre Zukunftschancen, sie ist also gewissermaßen der **Schlüssel zur Bildung.** Die alltagsintegrierte Sprachförderung ist deshalb ein übergeordnetes Bildungsziel.

Alltagsintegrierte Sprachförderung ist ein übergeordnetes Bildungsziel.

Kinder in Krippe und Kita bringen ganz unterschiedliche sprachliche Fähigkeiten mit, die es allesamt individuell zu begleiten und zu fördern gilt. Eine der gleichermaßen basalen wie essenziellen Aufgaben von pädagogischen Fachkräften ist es deshalb, **Kommunikationsversuche der Kinder zu**

unterstützen und ihre Sprache zu stimulieren. Hierfür müssen pädagogische Fachkräfte um **Sprachlehrstrategien** wissen, wie zum Beispiel die Sprachäußerungen von Kindern in eigenen Worten zu wiederholen (Stichwort: korrektives Feedback) und zu ergänzen, gegebenenfalls Rückfragen zum Verständnis zu stellen und sprachliche Gerüste anzubieten. Sie sollten jegliche **Handlung sprachlich begleiten und vielfältige Sprachanlässe nutzen und schaffen.** Bei den Gesprächen zwischen Fachkraft und Kind stehen die **Interessen der Kinder im Vordergrund,** die Fachkraft hört **empathisch zu.**

Die kindlichen Interessen sind auch bei der Förderung von Sprachkompetenzen handlungsleitend.

Sie achtet dabei auf ein möglichst **ausgewogenes Verhältnis von Reden und Zuhören sowie von Fragen und Antworten.** Besonders in der Kommunikation mit Kindern ist es wichtig, dass **Sprache und Mimik authentisch und kongruent** sind, also übereinstimmen.

Auch wenn dies im hektischen Kita-Alltag nur selten möglich ist: Die intensivsten Kommunikationsgelegenheiten bieten sich in **1:1-Kontakten** zwischen Fachkraft und Kind. Besonders Pflegesituationen mit den Kleinsten können **als Beziehungs- und Kommunikationszeit** genutzt werden (siehe Seite 118f.).

Beim **mehrsprachigen Spracherwerb** braucht es eine besonders professionelle und offene Haltung der pädagogischen Fachkraft. Die Beziehung zum Kind, die Haltung zur Mehrsprachigkeit und die Inputqualität in der Zielsprache, die Möglichkeiten für den Sprachgebrauch sowie das fachliche Wissen über Spracherwerbsprozesse sind hier entscheidende Faktoren. Fachkräfte sollten auf Sprachäußerungen der Kinder grundsätzlich positiv reagieren und keinen Unterschied – sowohl quantitativ wie auch qualitativ – bei der Kommunikation mit Kindern unterschiedlicher Familiensprachen, Gebärdensprache etc. machen. Fachkräfte können ihre **Zweitsprache** durchaus für den Dialog mit dem Kind nutzen und auch die Kinder dazu ermutigen, in ihrer Herkunftssprache zu sprechen. So kann auch die Wertschätzung der unterschiedlichen Familiensprachen vermittelt werden. Am Ende profitieren alle Kinder von der **Sprachenvielfalt!**

Wilmes-Mielenhausen, B. (2023): Sprache erleben in der Krippe. Freiburg: Herder.

Hellrung, U. (2019): Sprachentwicklung und Sprachförderung: in der Kita. Freiburg: Herder.

Haug-Schnabel, G. & Bensel, J. (2017):Wie kommt das Kind zum Wort? Sprachentwicklung und -förderung. Kindergarten heute wissen kompakt. 2. aktualisierte Aufl. Freiburg: Herder.

Panagiotopoulou, A. (2016): Mehrsprachigkeit in der Kindheit. Perspektiven für die frühpädagogische Praxis. Weiterbildungsinitiative Frühpädagogische Fachkräfte (WiFF). WiFF Expertise, Band 23. München: Deutsches Jugendinstitut.

Übergänge

Übergänge gehören zum Leben dazu. Sei es der Wohnortwechsel, der Studienbeginn oder ein neuer Arbeitsplatz. Sie können anstrengend, gar traumatisierend sein, oder aber auch die Chance auf etwas Neues bieten. Bereits Kinder erleben etliche Übergänge, die von den Erwachsenen bewusst und achtsam gestaltet werden sollten.

Übergänge müssen achtsam begleitet werden.

Um der wichtigen Thematik gerecht zu werden, muss die einrichtungsspezifische Situation analysiert und **Möglichkeiten der Übergangsgestaltungen** im Team reflektiert, geplant und umgesetzt werden. Für die Koordination ist es sinnvoll, eine Fachkraft als „Übergangsbeauftragte:n" zu nominieren.

Mikrotransitionen

Sogenannte Mikrotransitionen (Gutknecht & Kramer 2018) sind eine große Herausforderung im Kita-Alltag – für Kinder genauso wie für pädagogische Fachkräfte. „Über die Hälfte des Tages in der Einrichtung verbringen Kinder und pädagogische Fachkräfte in Übergangsphasen wie zum Beispiel vom Spielen zum Essen, vom Gruppenraum in den Waschraum, von drinnen nach draußen" (Gutknecht & Kramer 2018, S. 8). Bei diesen Übergängen können sowohl Kinder wie auch Fachkräfte in Stress geraten (vgl. ebd.). Sie müssen deshalb gesehen, reflektiert und reguliert werden.

Hierüber können die Teilhabemöglichkeiten der Kinder sichergestellt werden. Kinder „haben ein Recht darauf, diese Wechsel in ihrem Tempo zu durchleben, dabei über sich selbst zu bestimmen und einbezogen zu werden" (Finger 2024, S. 73).

Bei Mikrotransitionen brauchen die Kinder Regulationshilfe.

Bekannte Routinen und Rituale können die kleinen Übergänge im Alltag erleichtern. Gibt es immer wieder auftretende „Knallstellen" (Haug-Schnabel 2012) (siehe auch Seite 110ff., 134ff.) im Kita-Alltag? Dann müssen diese im Klein- oder Großteam reflektiert und alternative Möglichkeiten der Übergangsgestaltung überdacht und ausprobiert werden.

„Wir haben das schon immer so gemacht" gilt nicht als pädagogische Begründung.

Eingewöhnung

In neueren Veröffentlichungen wird der Eingewöhnungsbegriff immer häufiger infrage gestellt (vgl. z.B. Evanschitzky & Zöller 2021, S. 16), da er die Annahme enthält, „dass der Ankommensprozess etwas Passives ist, das mit dem Kind passiert, statt das Kind als aktiven Gestalter seines Ankommens zu verstehen" (Wedewardt 2023, S. 6). Da der Begriff „Eingewöhnung" aber etabliert ist und in vielen Orientierungs- und Bildungsplänen, Konzeptionen und Qualitätshandbüchern zu finden ist, nutzen wir ihn aus Gründen der Anschlussfähigkeit weiterhin und deuten ihn innerlich um, wir „reframen" ihn also.

Die Relevanz einer professionell gestalteten Eingewöhnung ist mittlerweile hinreichend erforscht (vgl. Laewen 2022, S. 53). Eine verlässliche, wertschätzende Beziehung zu einer feinfühligen Bezugsperson ist maßgeblich für den Eingewöhnungserfolg (vgl. Dornes 2009; Luthar 2006; Ainsworth & Bell 1974).

Eine bedürfnisorientierte Eingewöhnung ist essenziell.

Es gibt inzwischen mehrere bewährte Eingewöhnungsmodelle: das Berliner (vgl. Laewen et al. 2011), das Münchener (Winner & Erndt-Doll 2009) und das Tübinger Modell (Fink 2022) sowie die Partizipatorische Eingewöhnung (Alemzadeh 2023). Allen sind drei Qualitätsmerkmale gemeinsam, nämlich:

Die Eingewöhnung muss

1. elternbegleitet
2. bezugspersonenorientiert und
3. abschiedsbewusst

stattfinden.

Alle diese Eingewöhnungsmodelle können funktionieren, sofern sie sensitiv und am Individuum orientiert durchgeführt werden. Grundsätzlich, aber ganz besonders in der ersten Zeit in der Kita ist entscheidend, dass das Kind merkt, dass seine Gefühle ernstgenommen werden. Dazu gehört auch, dass es bei Trauer, zum Beispiel bei der Trennung von seiner familiären Bezugsperson, nicht abgelenkt wird.

Alle Gefühle dürfen sein!

Je häufiger eine pädagogische Fachkraft die Bedürfnisse eines Kindes etwa durch **Ko-Regulation** beantwortet, desto höher ist die Wahrscheinlichkeit, dass sie als Bezugsperson in der sogenannten Bindungshierarchie „aufsteigt“ (vgl. Hédervári-Heller 2008; Brisch 2013). So erweitern Kinder zunehmend den Kreis ihrer Bezugspersonen, und ihre natürliche Trennungsangst verringert sich Stück für Stück (vgl. Bensel et al. 2020, S. 10). Falls das Kind später ganztags betreut werden soll, ist es sinnvoll, die Eingewöhnung bereits im „Tandem“ durchzuführen, also durch zwei Bezugsfachkräfte, die auch nach der Anfangszeit den Großteil des Kita-Tages des Kindes abdecken (vgl. Bensel et al. 2018, S. 502).

Die sensible Begleitung dieser Ankommenszeit kann bereits vor dem ersten Kita-Tag beginnen. Hierzu bietet sich ein kleines „Begrüßungsbuch“ an, in dem sich zum Beispiel Fotos der Einrichtung, der Bezugsfachkraft und der Kindergruppe befinden.

Dieses Buch können die familiären Bezugspersonen vor dem Kita-Start mit den Kindern anschauen und das Kind so auf den großen Schritt vorbereiten.

> Ein Begrüßungsbuch kann hilfreich sein.

Aber auch für die Eltern beginnt mit der Eingewöhnung ein neuer Abschnitt, auf den sie vorbereitet werden müssen. Das Prozedere ist nicht allen geläufig. Durch Flyer in den für die Einrichtung relevanten Sprachen kann es transparent gemacht und Missverständnissen vorgebeugt werden.

Bereits hier, aber vor allem im persönlichen Kontakt, sollte deutlich gemacht werden, dass die Eltern als Expert:innen ihres Kindes anerkannt und wertgeschätzt werden (siehe Seite 165ff.).

> Die Eltern müssen als Expert:innen ihres Kindes wertgeschätzt werden.

Der Start neuer Kinder in der Gruppe sollte gestaffelt stattfinden, sodass die Bezugserzieher:innen sich voll und ganz auf das ankommende Kind konzentrieren und dessen Bedürfnisse erfüllen können. Eine Ausnahme stellt das Tübinger Modell, also die Peergroup-Eingewöhnung, dar, das die gleichzeitige Aufnahme von drei bis fünf Kindern zur gleichen Zeit vorsieht (vgl. Cantzler 2022, S. 11).

In den ersten Tagen in der Gruppe zeigen sich meist persönliche Präferenzen der Kinder in Bezug auf eine:n Bezugserzieher:in. Nach Möglichkeit sollten hier die Wünsche des Kindes erfüllt werden; erfahrungsgemäß erleichtert das sowohl Fachkräften als auch Eltern und Kindern den Ankommensprozess.

Der Übergang von der Krippe in die Kita

Der Wechsel von der Krippe in die Kita ist meist der nächste große Übergang, den ein Kind zu meistern hat.

Er ist etwas einfacher zu gestalten, wenn innerhalb eines Hauses sowohl Krippen- als auch Kindergartengruppen betreut werden. Viele Einrichtungen gestalten den Wechsel dann zeitlich etwas flexibler, nicht zwangsläufig am Alter der Kinder, sondern vielmehr an deren Interessen und Bedürfnissen orientiert.

Es kann den Übergang deutlich erleichtern, wenn Kinder aus der Kindergartengruppe den „Kleinen" hin und wieder einen Besuch abstatten oder gemeinsame Aktivitäten beider Altersgruppen stattfinden. Vielleicht gibt es auch ein „Patenmodell", bei dem je ein größeres Kind für einen „Neuling" verantwortlich ist. Davon profitieren übrigens beide Seiten (siehe „Altersmischung" auf Seite 161ff.). Auch wenn die Kinder in eine neue Einrichtung wechseln, kann der Übergang durch thematische Gespräche, Bücher, Rituale und gegebenenfalls Vorbesuche in der neuen Kita vorbereitet werden.

Der Übergang von der Kita in die Grundschule

Genauso wie alle anderen Übergänge ist auch der Wechsel in die Grundschule sensibel zu begleiten und zeitlich großzügig zu planen, um den Kindern den Weg für diesen wichtigen Schritt zu ebnen.

Ein großzügiger Zeitplan erleichtert den Übergang.

Die Begleitung der Kinder in der Vorschulzeit hat enorme Auswirkungen auf das frühe Selbstbild des Schulkinds. Hierbei geht es allerdings um eine echte Übergangsbegleitung und nicht um die Einübung von Vorläuferfähigkeiten wie Buchstaben schreiben oder Zahlen erkennen (vgl. Studien von Niesel & Griebel 2015 und Streffer 2020).

Erfahrungsgemäß sind Kita und Grundschule noch immer „zwei Welten", und der Übergang gleicht eher einem „harten Bruch". Es bedarf hier dringend der Bemühungen von beiden Seiten, um den Wechsel möglichst fließend zu gestalten.

Der Wechsel sollte möglichst fließend gestaltet werden.

Von einer engen Kooperation zwischen Kita und Lehrkräften (zumindest einzelner Grundschulen) können beide Seiten und vor allem die Kinder profitieren.

In den meisten Kitas gibt es „Vorschulgruppen", in denen die Kindergartenkinder im letzten Jahr besondere Aktivitäten unternehmen. Bislang sind hier aber nur selten auch Berührungspunkte mit den zukünftigen Schulen der Kinder vorgesehen. Gemeinsame Aktivitäten mit der Grundschule wären gute Gelegenheiten, die Hürden abzubauen und erste Kontakte zu knüpfen. Des Weiteren sollten sich Grundschullehrer:innen vor dem Wechsel mit den pädagogischen Fachkräften über die einzelnen Kinder austauschen, um die Kinder, ihre Stärken und Interessen bereits im Vorfeld kennenzulernen. Pädagogische Fachkräfte sollten die Kinder durch Gespräche, thematische Bücher und angemessene Rituale wie ein Abschiedsfest auf den Wechsel vorbereiten und dabei immer auch die individuellen emotionalen Einstellungen im Blick haben. Bei all dem können und sollten die Eltern beteiligt werden.

Wedewardt, L. (2023): Ankommen dürfen statt loslassen müssen. Bedürfnisorientierte Eingewöhnung in Kita, Krippe und Kindertagespflege. Freiburg: Herder.

Gutknecht, D. & Kramer, M. (2018): Mikrotransitionen in der Kinderkrippe. Übergänge im Tagesablauf achtsam gestalten Freiburg: Herder.

Beobachten und Dokumentieren

Beobachtung und Dokumentation sind die **Grundlage allen pädagogischen Handelns.** Unabdingbar für die **Reflexion und Planung** des Kita-Alltags machen sie inzwischen seit vielen Jahren einen beträchtlichen Teil der Professionalität pädagogischer Fachkräfte aus.

Beobachtung und Dokumentation sind die Basis professioneller Kita-Arbeit.

Die Fachkräfte sollten hier eine **wahrnehmende, nicht-teilnehmende, abwartende Forscherhaltung** sowie einen **ressourcenorientierten, vorurteilsbewussten Blick** einnehmen. Sie bleiben dabei **neugierig und offen** für die **individuelle Vielfalt** der Kinder.

Fotodokumentationen wie **„Sprechende Wände“** im Flur oder ein großer Bildschirm mit digitalen Fotos im Eingangsbereich der Kita schaffen Transparenz und bieten Bezugspersonen und Externen einen **Einblick in das tägliche Geschehen.** Häufig ist zu beobachten, dass Kinder, Eltern und Fachkräfte hier verweilen und die **Fotos als Gesprächsanlässe** nutzen (siehe Seite 74ff.).

Bei Dokumentationen ist grundsätzlich der Datenschutz zu beachten!

Bildungsdokumentationen einzelner Kinder werden in **Portfolio-Ordnern** festgehalten. Im besten Fall handelt es sich hierbei um eine Sammlung **ereignisbezogener Beobachtungen, fachlich kommentierter Fotos und Lerngeschichten,** die um Bildungsgeschichten aus der Familie ergänzt werden können. Hierfür sowie zur Erfassung des kindlichen Entwicklungsstands bzw. zum Erkennen von Entwicklungsverzögerungen gibt es inzwischen eine Vielzahl an Konzepten und Verfahren, die sowohl digital als auch analog ausgefüllt werden können. Die Entscheidung für das eine oder andere Konzept ist nicht einfach und muss im Hinblick auf **Aussagekraft, Handhabbarkeit sowie den zeitlichen Umfang** vom Träger oder der Kita-Leitung getroffen werden.

Geeignete Beobachtungsinstrumente

Für die Erfassung **individueller Bildungs- und Lernwege** bieten sich die folgenden Instrumente an:

- Beobachtung von Bildungsthemen nach INFANS
- Bildungs- und Lerngeschichten nach Carr
- Schemata nach Athey
- Bildungsdokumentation mit ungerichteter Aufmerksamkeit nach Schäfer und Strätz

Zur **allgemeinen Erfassung des Entwicklungsstands** der Kinder eignen sich:

- Bellers Entwicklungstabelle
- MONDEY oder das
- individuelle Entwicklungs- und Kompetenzprofil (EKP)
- BaSiK
- MotorikPlus

und als **Screeninginstrumente zum Erkennen von Anzeichen für Entwicklungsverzögerungen** die

- Grenzsteine der Entwicklung
- EBD 3-48 und 48-72 oder der
- BEK

Ergänzend können für **Kinder mit speziellem Bedarf** angewendet werden.

- SELDAK
- SISMIK
- PERIK

Voraussetzung für eine professionelle Entwicklungsbeobachtung ist die **Anwendung valider Instrumente** sowie das Ausfüllen der Bögen in den vorgegebenen zeitlichen Abständen.

Die Arbeit ist aber mit der Dokumentation nicht getan. Vielmehr gilt es, die Beobachtungsergebnisse im Anschluss (alleine oder im Team) zu **reflektieren,** dabei **Themen** der Kinder sowie den **Entwicklungsstand bzw. -verzögerungen** zu erkennen und **individuelle Curricula** zu erstellen. Der hohe Anspruch, dem pädagogische Fachkräfte inzwischen gerecht werden müssen, findet hier seinen Ausdruck: Es erfordert ein außerordentliches Maß an Professionalität, aus Beobachtungen die Folgen pädagogischen Handelns abzuleiten und Bestehendes zu hinterfragen.

Das Ableiten von Konsequenzen aus Beobachtungen erfordert ein Höchstmaß an Professionalität.

Dafür benötigen pädagogische Fachkräfte eine **angemessene Vor- und Nachbereitungszeit** (siehe Seite 27ff.).

Indem Fachkräfte das Kind an der Entwicklungsdokumentation teilhaben lassen, fördern sie nicht nur seine Selbstwirksamkeit (siehe Seite 135ff.), sondern können zugleich überprüfen, ob ihr gewonnenes Bild vom jeweiligen Kind stimmig ist (siehe Seite 146ff.).

Eine professionelle Entwicklungsdokumentation stärkt das Selbstwertgefühl des Kindes.

„Portfolios stellen für Kinder eine wunderbare Möglichkeit dar, ihre eigene Entwicklung zu sehen. So bekommen sie ein **Bewusstsein für ihre Stärken und Fähigkeiten,** aber auch für ihre Schwächen. Kinder können mitentscheiden, welche Fotos für das Portfolio ausgewählt werden, und erzählen, wie sie sich in der jeweiligen Situation gefühlt, was sie gedacht haben. [...] Die Beziehung zwischen Fachkraft und Kind wird durch diesen Dialog gestärkt und vertieft“ (Finger 2024, S. 102).

Viernickel, S. & Völkel, P. (2022): Beobachten und dokumentieren im pädagogischen Alltag. Freiburg: Herder.

Lepold, M.; Lill, T. & Tuffentsammer, M. (2021): Digitale Beobachtung und Dokumentation in der Kita. Pädagogisch gedacht – digital gemacht. Freiburg: Herder.

Alemzadeh, M. (2021): Wahrnehmendes Beobachten in Krippe und Kindertagespflege. Partizipatorische Didaktik. Freiburg: Herder.

Bensel J. & Haug-Schnabel, G. (2016): Kinder beobachten und ihre Entwicklung dokumentieren. kindergarten heute wissen kompakt. 12. Aufl. Freiburg: Herder.

Umgang mit Verhalten, das pädagogische Fachkräfte herausfordert

Manch ein kindliches Verhalten kann pädagogische Fachkräfte an ihre Grenzen bringen. Auch hier ist ihre ganze Professionalität gefragt. Es bedarf einer hohen Sensibilität auf der Basis von Fachwissen und der Erkenntnis, dass hinter dem kindlichen Verhalten ein „guter Grund" (Cantzler 2023; nifbe 2022b), ein Bedürfnis, eine Not des Kindes steckt.

Hinter jedem Verhalten steckt ein guter Grund.

Kinder sind von Natur aus kooperative Wesen. Sie ziehen sogar die Kooperation der Wahrung der eigenen Integrität vor (vgl. Juul 2013, S. 77ff.). Unter Integrität ist die Gesamtheit der persönlichen Identität mit den eigenen Grenzen und Bedürfnissen zu verstehen (vgl. Wedewardt & Hohmann 2021, S. 26).

Um auf diese anspruchsvollen Situationen vorbereitet zu sein, ist es hilfreich, wenn zumindest eine Fachkraft im Team eine Fortbildung zu dem Thema besucht hat und als Spezialist:in von ihren Kolleg:innen zurate gezogen werden kann. Gemeinsam im Team können dann auslösende Situationen, wie zum Beispiel Drängelsituationen in der Garderobe, reflektiert werden.

Wenn Kinder nicht kooperieren und „stören“, kann das verschiedene Gründe haben

- Das Kind ist überfordert (müde, gestresst, die Kooperationsbereitschaft ist überstrapaziert),
- es fühlt sich unverstanden oder ihm droht der Kontaktverlust,
- die Integrität des Kindes ist verletzt (gekränkt, wütend, im Selbstwert verletzt),
- ein oder mehrere Bedürfnisse sind unerfüllt oder ein anderes Bedürfnis (Spiel statt Ordnung) hat Vorrang,
- die Botschaften der Erwachsenen sind missverständlich (missverständliche Aufträge, Erwartungen).

Festgelegte Verfahrensabläufe und Einschätzhilfen geben Sicherheit im Umgang mit Verhalten, das herausfordert.

Geeignete Beobachtungsinstrumente für Verhalten, das herausfordert

- Herner Materialien
- BEK
- Kita-Vorsorgebogen
- BBK

Entscheidend ist, dass nicht nur das kindliche Verhalten, sondern auch die Auslösesituationen in den Blick genommen werden. Präventiv ist es sinnvoll, Mitarbeiter.innen psychosozialer Dienste zu thematischen Arbeitskreisen einzuladen und gegebenenfalls Elterntrainings, Elternsprechstunden oder Themen-Elternabende anzubieten.

Präventionsprogramme für die Kita

- Faustlos
- Papilio
- EFFEKT
- PEP
- PRiK

Eine besondere Herausforderung stellen in diesem Zusammenhang die **Elterngespräche** dar: Sie **sensibel und wertneutral** zu führen bedarf einer hohen Professionalität sowie einer ausführlichen Vorbereitung.

Elterngespräche müssen gut vorbereitet und sensibel geführt werden.

Im Gespräch können **konkrete Handlungsschritte** gemeinsam mit den Eltern vereinbart werden. Es gilt zu überlegen, **welche Rahmenbedingungen, Regeln und Reaktionen auf Verhaltensweisen sinnvoll** sind. Genauso wichtig ist aber auch, dass pädagogische Fachkräfte ihre **Grenzen kennen** und die Eltern dann weiterverweisen. Hier ist es von Vorteil, wenn **Adressen psychosozialer Fachdienste** (Erziehungsberatungsstellen, Kinder- und Jugendpsychotherapeut:innen, Sozialpädiatrische Zentren) bekannt sind und direkt an die Eltern weitergegeben werden können.

Cantzler, A. (2023): Schätze finden statt Fehler suchen. Herausforderndes Verhalten verstehen in Kita, Krippe und Kindertagespflege. Freiburg: Herder.

nifbe (Hrsg.) (2022): Jedes Verhalten hat seinen Sinn. Herausfordernden Kindern in der KiTa begegnen. Freiburg: Herder.

Haug-Schnabel, G. (2020): Umgang mit aggressivem Verhalten von Kindern. Praxiskompetenz für Kitas. Freiburg: Herder.

Digitale Bildung

Kinder sind heute als sogenannte „Digital Natives“ von klein auf mit Medien in Kontakt, ob als Beschäftigungs- oder Lernmittel. Medien gehören heute zum alltäglichen Erfahrungsfeld von Kindern und Jugendlichen. Vor allem die digitalen Medien mit ihren neuen Unterhaltungs- und Informationsmöglichkeiten beeinflussen ihr Leben in besonderem Maße.

Der wachsenden Bedeutung von Medien muss bereits in der Kita Rechnung getragen werden.

Die wachsende Bedeutung dieser Medien stellt **erhöhte Ansprüche an die Bildungsanforderungen** und die **Medienerziehung** von Kindern – auch schon im Vorschulalter. Weil die digitale Technik aus dem Alltag der Kinder nicht mehr wegzudenken ist, ist es wichtig, dass Kinder früh den richtigen **Umgang mit den modernen Medien** erlernen. Das betrifft nicht nur das technische Know-how, sondern vor allem auch die **Regeln und Gefahren,** die insbesondere das Internet betreffen (vgl. prokita-portal.de 2020). Ziel der Medienpädagogik ist deshalb, den Kindern die für einen **sicheren Umgang mit Medien** erforderlichen Kenntnisse zu vermitteln. Sie benötigen Medienkompetenzen oder auch eine „Medienmündigkeit“, die sie zu einer **selektiven, kritischen, aktiven und produktiven** Mediennutzung befähigt (vgl. kita.de 2023b; prokita-portal.de 2020).

Medienkompetenz wird erzielt durch

- Wissensvermittlung im Hinblick auf Medien, deren Einsatz, Einfluss und Auswirkungen,
- Aufklärung über Medien, um mögliche Gefahren und negative Aspekte zu erkennen,
- Erziehung zu einer kritisch-hinterfragenden Haltung zu Medien, Mediennutzung und Inhalten unter Berücksichtigung des Alters und des Entwicklungsstandes der Kinder
- die Befähigung der Kinder, eigenständig und kreativ mit Medien umzugehen.

(vgl. erzieherin-ausbildung.de 2023b)

Digitale Medien können wie analoge Medien auch als **Werkzeug zur Kommunikation** und zur Erlangung von Wissen genutzt werden. Die Wissensaneignung mittels **Massenmedien, Medienanalysen, Medienarbeit und Mediengestaltung** ist in der schulischen Medienerziehung bereits angekommen. So wurde die Medienerziehung zur Steigerung der Medienkompetenz der Kinder in mehreren Bundesländern als Pflichtteil in die Curricula von Grundschulen aufgenommen, in Kindergärten jedoch ist sie noch nicht Pflicht.

Während für einige Einrichtungen Digitalisierung noch ein Fremdwort ist, ist sie aus anderen nicht mehr wegzudenken. Oftmals ist die Frage, wohin eine Einrichtung tendiert, vor allem eine der Einstellung. Für manche gelten digitale Medien nach wie vor als „Teufelszeug" und absolut ungeeignet für Kinder, für andere gehören sie zu unserer Zeit dazu, und es gilt, die Kinder bereits im frühen Alter auf den Umgang mit ihnen vorzubereiten. Aus unserer Sicht ist letztere Einstellung sinnvoller: Alters- und entwicklungsgerechte Medien können entwicklungsförderlich sein.

Vorteile von geeigneten Medien

- So soll zum Beispiel die weit verbreitete Gegenwart der digitalen Medien schon bei Kindern dieser Altersgruppe die Fertigkeiten zur Verwendung von audiovisuellen Informationen verbessern. Das zeigt sich zum Beispiel sehr gut bei 3-D-Spielen, bei denen nur ein bestimmter Bereich der eigenen Spielumgebung sichtbar ist.
- Aufgrund ihrer kognitiven Fähigkeiten sind Kinder zudem in der Lage, die einzelnen Bilder zu einem großen Ganzen zusammenzufügen.
- Die Fähigkeit, sich voll und ganz in ein Spiel oder einen Film hineinversetzen zu können, ist ein Zeichen für eine gute Konzentrationsfähigkeit.
- Bestimmte Computerspiele können nicht nur die Reaktions- und Konzentrationsfähigkeit bei Kindern gezielt fördern, sondern sich auch positiv auf die Abstraktionsfähigkeit und ihr logisches Denken auswirken.

Es gibt keinen Weg mehr zurück und außerdem ganz fantastische Programme und Projekte zum Thema. Hier werden beispielhaft einige Möglichkeiten aufgezeigt, um sich dem Thema anzunähern: Zunächst ist es sinnvoll, wenn eine oder mehrere Fachkräfte aus der Einrichtung eine Weiterbildung zum Thema Digitalisierung, Medien und Datenschutz besuchen. In vielen Orten gibt es bereits Konsultationskitas, in denen man hospitieren kann, um von deren Erfahrungen zu profitieren.

Eine tolle Möglichkeit, die Faszination digitaler Medien – die sie ja ohne Frage haben – mit den Kindern zu nutzen, sind **(bewegte) Bilder von ihnen selbst.** Filmprojekte, in denen die Kinder die Kamera führen können, Videobearbeitungsprogramme wie Adobe Premiere Pro, ein Film über das Herkunftsland eines Kindes mithilfe der Green-Screen-Technik oder **Stop-Motion-Filme** sind nur einige Beispiele, die sowohl die digitalen Kompetenzen der Kinder fördern als auch Selbstwirksamkeitserfahrungen („Ich spiele eine Rolle") ermöglichen.

In selbst gedrehten Filmen spielen Kinder eine Rolle.

In manchen Einrichtungen gibt es bereits eigene Lernwerkstätten oder Bildungsinseln für digitale Medien. Auch eine Video- oder Fotosafari in der Natur fördert unterschiedlichste Kompetenzen und macht auch noch Spaß. Mit dem Tablet können zum Beispiel iMovie Helden zum Leben erweckt oder ganz neu erfunden werden, Häuser werden zunächst gezeichnet oder aus Holzstäben gebaut und dann im 3D-Drucker gedruckt, oder aber die Kinder lernen den Einstieg in das Programmieren mithilfe eines Geschichtenbaums, dessen Handlung dann zum Beispiel mit ScratchJr auf dem Monitor verfolgt werden kann.

Außerdem machen digitale Medien auch den pädagogischen Fachkräften und Leitungen die Arbeit leichter. Apps wie Stay Informed, kitalino oder KidsFox erleichtern die Zusammenarbeit mit Eltern nicht nur organisatorisch. Familiäre Bezugspersonen erhalten durch digitale Portfolios Informationen über die Lern- und Entwicklungsfortschritte ihrer Kinder. Viele Einrichtungen nutzen bereits Videos zur Dokumentation kindlicher Lernwege für digitale Portfolios mit Software zum Beispiel von stepfolio. Aber auch die Anwesenheit der Kinder kann leicht mithilfe von **digitalen Listen** dokumentiert werden.

Digitalisierung kann Professionalität steigern.

Entscheidend hierbei ist, dass die Kitas **vonseiten des Trägers unterstützt** werden. Nachdem der Träger in allen Belangen für die Qualitätssicherung in den Kitas verantwortlich ist (siehe Seite 55ff.), hat er auch die **Verwendung digitaler Medien zur Professionalisierung** zu fördern. Kitas haben so die Möglichkeit, sich einfacher mit anderen Kitas zu vernetzen und/oder Arbeitsgruppen auf digitalen Plattformen zu organisieren.

Entdeckungskiste 4/22: Handy, Tablet & Co. Digitale Medien einsetzen. Freiburg: Herder.

Roboom, S. (2017): Mit Medien kompetent und kreativ umgehen. Basiswissen & Praxiswissen. 2. Aufl. Weinheim: Beltz.

Lepold, M. & Ullmann, M. (2018): Digitale Medien in der Kita. Alltagsintegrierte Medienbildung in der pädagogischen Praxis Freiburg: Herder.

MINT-Bildung (Mathematik, Informatik, Naturwissenschaft und Technik)

Ein Bildungsbereich, der in allen Bildungsprogrammen der Länder aufgeführt wird, ist der Bereich der MINT-Bildung (Mathematik, Informatik, Naturwissenschaft und Technik). Die Möglichkeiten zur MINT-Bildung sind so vielfältig, dass sie hier auch nur exemplarisch aufgeführt werden können.

Kinder wollen die Welt wortwörtlich **begreifen.**

Entscheidend ist das Wissen darum und um die Bedeutung dessen, dass Kinder **die Welt mit all ihren Sinnen** und ausschließlich durch eigene Erfahrungen **im eigentlichen Sinne des Wortes begreifen.**

„In den ersten Lebensjahren ist das Denken noch an das unmittelbare Handeln gebunden. Das Lösen von Problemen erfolgt weitgehend durch den praktischen Umgang mit den Dingen und Gegenständen, durch **Ausprobieren und Erkunden.** Erst mit zunehmendem Alter verlagert es sich mehr und mehr auf die Vorstellungsebene“ (Zimmer 2021a, S. 6).

Die Kita kann hier einen entscheidenden Beitrag zur **vorschulischen Bildung** leisten, indem sie praktische und alltagsnahe, also ganz „natürliche“ und häufig spontane Lerngelegenheiten für die Kinder aufgreift und bereithält.

Die MINT-Bildung wird zum Beispiel durch das Wiegen von Zutaten beim Backen, das Untersuchen des „Pfützen-Wassers“, Experimente mit Schattenbildern, Erzeugen eines künstlichen Regenbogens mithilfe eines Rasensprengers und Seifenblasen oder die Suche mit den Kindern nach Gegenständen, die sich drehen (Lenkrad, Windrad, Murmeln, viele Obstsorten) gefördert (siehe auch Seite 93ff.). Die intensive sprachliche Begleitung, das Sammeln und Abgleichen von Informationen und das **anhaltende gemeinsame Nachdenken** („sustained shared thinking“) tragen hierbei zusätzlich zur kognitiven Entwicklung bei. In „gemeinsam geteilten Denkprozessen“ vermittelt die Fachkraft durch ihre zugewandte Haltung, mit dem Kind gemeinsam mehr herausfinden zu wollen, Fragen zu stellen und in „Was wäre wenn“-Überlegungen einzusteigen. Die Fragen der Kinder dienen hier als Initiator (vgl. Hildebrandt et al. 2016).

Sinnvoll ist es auch hier, Weiterbildungen zum Thema zu besuchen, eine:n Multiplikator:in im Team zu bestimmen, die Eltern über die Wichtigkeit des Themas zu informieren, sich mit Externen zum Thema zu vernetzen (z.B. Haus der kleinen Forscher, Verein Wissensfabrik, Hochschulen, Museen, Bibliotheken, Feuerwehr, Handwerksbetriebe in der Nähe) und Internetauftritte wie das Medienportal der Siemens Stiftung zu nutzen.

Bildungswerk der Bayerischen Wirtschaft e. V. (Hrsg.) (2023): Staunen, entdecken und (er-)forschen – mit Kindern Naturwissenschaften und Technik neu erleben. Dortmund: Modernes Lernen.

10.

Raum und Ausstattung im Innenbereich

Räume wirken immer – sie können nicht wirken (van Dieken 2014, S. 36).

> Räume wirken immer.

Neben der Raumgröße (siehe Seite 16) haben zahlreichen Studien zufolge auch die Gestaltung sowie die Ausstattung einen entscheidenden Einfluss auf die Prozessqualität und damit auf das Verhalten und die Entwicklungschancen von Kindern.

Die Gestaltung, der Zuschnitt und die Größe frühpädagogischer Umgebungen beeinflussen das kindliche Lernen, die Kreativität, das Verhalten und die Interessen der Kinder (vgl. Read et al. 1999; Moore 1986; Laike 1997; Petmecky 2010). Für die Raumqualität in Kitas ist entscheidend, dass die Räumlichkeiten Wohlgefühl vermitteln, ihre Funktionen erfüllen und Materialien für die Kinder nicht nur benutzbar, sondern auch anschaulich und anfassbar sind.

> Die Raumqualität beeinflusst die kindliche Entwicklung.

Raum für Bewegung, Körperwahrnehmung, körperliches und psychisches Wohlbefinden

Körperliches und psychisches Wohlbefinden sowie die motorische Entwicklung sind nicht hoch genug einzuschätzen und wie in allen anderen Kompetenzbereichen auch legen hier die Kitas den Grundstein für die weitere Entwicklung der Kinder (siehe Seite 114ff.). Die Raumgestaltung und Raumausstattung haben hier einen entscheidenden Einfluss.

Damit die Kita zu einem **Wohlfühlort für Kinder** werden kann, ist zunächst eine wertschätzende Raumgestaltung mit **Farbe als pädagogischem Element** entscheidend. Bei der Planung sollten die Bedürfnisse aller Kinder berücksichtigt werden (siehe Seite 152ff.). So braucht es zum Beispiel eine **alters- und bedürfnisdifferenzierte Raumaufteilung** zum Leise- und Lautsein, Orte für Bewegung und Orte der Entspannung sowie „geheime“ Rückzugsorte.

> Die Kita muss in erster Linie ein Wohlfühlort für Kinder sein.

Durch Bewegung erweitern Kinder nicht nur ihre motorischen Kompetenzen, sondern lernen auch, dass sie „Ursache bestimmter Effekte sind. […] So entsteht eine erste Vorstellung von den eigenen Fähigkeiten" (Zimmer 2020, S. 33). Das Bild des Kindes von sich selbst ist die Grundlage von Selbstvertrauen und Selbstwertgefühl (vgl. ebd.) (siehe Seite 135ff.).

„Der Aufbau des ‚Selbst', des Vertrauens in die eigene Person, und das Bild, das man sich über sich selbst macht, ist bei einem Kind im Wesentlichen geprägt von den Körpererfahrungen, die es in den ersten Lebensjahren macht" (Zimmer 2021b, S. 27).

Es gibt unzählige Möglichkeiten zur **Förderung motorischer Kompetenzen:**

- Ein gut ausgestatteter Bewegungsraum, Klettergelegenheiten, Treppen, Rutschen, Hindernisse aller Art und Rennstrecken für Fahrzeuge dienen als **Bewegungs- und Koordinationsanreize.**
- Spielpodeste, schiefe Ebenen, Rampen, Tunnel oder Brücken ermöglichen eine **differenzierte Raumerfahrung** und einen **Perspektivwechsel.**
- Den **Gleichgewichtssinn** schulen zum Beispiel Schaukeln, Hängematten, Sisalbälle, Trampolin, Hüpfbälle, Schwungtücher oder Balanciermöglichkeiten.
- Für die **Förderung der Feinmotorik** bieten sich Sammlungen wie Perlen, Glassteine, Korken, Aktionstabletts (siehe auch Bläsius 2020) oder Formensortierboxen an – einfach alles, bei dem etwas in etwas gesteckt, eingehakt, miteinander verbunden werden kann.

Raum für Kognition und Sprache: wahrnehmen, denken, entdecken/konstruieren, sich-austauschen

Die Kita als Bildungsort muss Anreize für Kinder schaffen, die „ganz nebenbei" ihre Entwicklung fördern und die Zone der nächsten Entwicklung (vgl. Wygotski 1987) bereithalten. In einigen Einrichtungen gibt es unterschiedliche Lernbereiche, auch „Funktionsräume", „Lernwerkstätten" oder „Bildungsinseln" genannt. Hier finden die Kinder immer wieder neues Material, das ihre Neugierde, Wissbegierde und Fantasie anregt. Wichtig ist, dass genug Zeit für Freispiel eingeplant ist, in der die Kinder ihren eigenen Interessen nachgehen können und die Welt so spielerisch erkunden.

Spielen ist Lernen!

Es braucht keine **Fülle an Spielmaterialien.** Durch ganz banale Alltagsgegenstände („Echtzeug") finden Kinder in ein fantasievolles kreatives Spiel. Dies gelingt meist sogar besser als mit vorgefertigten Materialen. Ein Atelier bzw. eine Malwerkstatt, ausgestattet mit unterschiedlichsten Malutensilien, Staffeleien, Scheren, Klebstoff und Materialien ohne Spielzweck, regt ebenfalls die kindliche Kreativität an. Was in einer Kita nicht fehlen sollte, sind **Anreize zu mathematischen Vorläuferfähigkeiten** wie zum Beispiel eine Zahlentreppe, (Sand-)Uhren, Gegensatzpaare, Farb- und Formlegespiele, Globus, Atlas.

„Echtzeug" statt Spielzeug fördert die Kreativität.

Grundsätzlich ist entscheidend, dass die Kinder passende Lernanreize vorfinden und sich freiwillig und von selbst mit den Themen auseinandersetzen dürfen. Dann können sie in einen Flow-Zustand geraten, der Glücksgefühle hervorruft (vgl. Wedewardt & Hohmann 2021, S. 125ff., S. 137) (siehe Seite 70ff.)

Für die **visuellen Reize** bieten sich (Zerr-)Spiegel, Glaselemente, Gucklöcher, ein Lichttisch, Kunstpostkarten oder -bücher, Röntgenbilder, die Möglichkeit zu Schattenspielen und eine große Mustervielfalt an. Materialien zur Förderung der **akustischen Sinneswahrnehmung** sind zum Beispiel Musikinstrumente, Klangschalen, Tongläser, eine Musikbox, CD-Player oder eine „Türharfe". Auch eine „Gonghöhle" wurde schon gesichtet.

Intrinsisch motiviertes Lernen macht glücklich.

Ganz leicht umzusetzen sind Möglichkeiten zur **haptischen Wahrnehmung,** indem bei der Anschaffungsplanung auf harte und weiche Unterlagen, Keramikgeschirr und unterschiedliche runde, spitze, kantige Gegenstände mit rauen und glatten Oberflächen geachtet wird, die sich hart, weich oder kalt anfühlen. Auch ein Igelball oder eine Fußfühlstrecke ist eine tolle Möglichkeit zum differenzierten „Begreifen". Duftgläser, verschiedene Gewürze, Riechsäckchen oder ein Riechmemory bieten Geruchserlebnisse, die die olfaktorische Sinneswahrnehmung, also den **Geruchssinn,** stimulieren.

Den **Bildungsbereich „Sprache"** regen vielfältige altersgerechte, ansprechend präsentierte **Bücher,** zum Beispiel in einer Kinder-Bibliothek, an. In einer gut ausgestatteten **Lese- und Schreibwerkstatt** mit Stempeln, Schreibcomputer oder einer Schreibmaschine machen Kinder erste Erfahrungen mit dem Schreiben.

Literacy spielt eine wichtige Rolle in der Kita.

Beschriftete Eigentumsfächer und Alltagsgegenstände, Anlauttabellen, Hörbücher oder ein Schlauchtelefon sind tolle Möglichkeiten, um die Sprach- und Schreibkompetenz, also **Literacy,** zu fördern.

Anreize für **konstruktives Arbeiten** können Bausteine in verschiedenen geometrischen Formen oder eine Holzeisenbahn, ein „Architekturbüro" mit vielfältigem Material, Konstruktionszeichnungen sowie Fotos von Weltgebäuden bieten.

Die **MINT-Bildung** (siehe Seite 90ff.) wird durch Materialien gefördert, die zum **technischen und naturwissenschaftlichen Experimentieren** auffordern. Hierzu zählen Experimente mit dem **Element Wasser,** wofür sich Wassertische, Wasserspiele, eine Wassermatschanlage, ein Handwaschbecken mit Höhenabstufung, ausgestattet mit Schüsseln, Bechern, Trichtern oder Schwämmen, anbieten. Leuchttische, Lichtsteine, Overheadprojektoren (für Licht-Farben-Schatten-Versuche), Lupen, (Video-)Mikroskope, Periskope, Taschenlampen, ein Dunkelraum mit Schwarzlichtlampe, Kaleidoskope, Terrarien oder Plexiglasspiegel (plan, konkav, konvex) sind ebenfalls spannende Möglichkeiten, um dem **Forscherdrang** der Kinder nachzukommen. Prismen, Messbecher, eine Waage mit Gewichten, Thermometer, ein Zahnradset (inkl. Keilriemen), selbstklebende Kupferbänder oder Leuchtdioden sind sicherlich etwas für ältere Kita-Kinder. Durch ihren **hohen Anregungsgehalt** sollten sie aber zumindest teilweise in Kitas vorgehalten werden.

Spezialist:innen unter den Kindern finden sich für die unterschiedlichsten Themen.

Digitale Medien haben viele Vorteile, auch in der Kita können sie den Alltag bereichern (siehe Seite 87ff.). Die Möglichkeiten sind vielfältig, aber auch eine Annäherung an das Thema ist ein erster Schritt. Es muss ja nicht gleich ein sich drehender Videoroboter oder ein 3D-Drucker sein. Ein Tablet in jeder Gruppe, das auch von den Kindern genutzt werden darf, kann spezielle Apps etwa zur Sprachaufzeichnung und zur **Kommunikationsunterstützung** („LetMe Talk"), zum Bilderbuchvorlesen, Malen oder zur Foto- und Videobearbeitung bereithalten, die auch der **Inklusion,** zum Beispiel von Kindern, die (noch) nicht deutsch sprechen können, dienlich sind (siehe Seite 152ff.). Digitale Lupen, Roboter (Bee-Bots, Ozo-Bots), wasserdichte Digitalkameras und eine Dokumentenlampe, um Bilder aus Büchern und Zeitschriften an die Wand zu projizieren, bieten tolle Lerngelegenheiten. Audiostifte (AnyBook Reader, BOOKii, Tellimero), Audioplayer oder eine Tonie-Box können die Kreativität sowie das Sprachverstehen fördern.

Raum für soziale Erfahrungen, Partizipation und Autonomie

Ausstattungsmerkmale können wesentlich zu einer gesunden Persönlichkeitsentwicklung und der Entwicklung von sozialen Kompetenzen beitragen. Nicht umsonst bezeichnet man den Raum in der Reggio-Pädagogik als den „dritten Erzieher" (vgl. Brockschnieder 2021, S. 166).

Der Raum als dritter Erzieher.

Er bietet im Idealfall vielzählige Möglichkeiten zur Selbsterfahrung oder Erfahrungen in der Gruppe. Da wären zunächst das eigene Portfolio des Kindes, sein Eigentumsfach, sein Garderobenhaken mit seinem Foto, ein Foto von seiner Familie und seine ausgestellten Werke in der Einrichtung. Wichtig für die **Selbstwirksamkeitserfahrung** (siehe Seite 135ff.)

der Kinder ist es, dass sie sich in der Einrichtung **selbstständig bewegen** können, da heißt, alle Räume und Materialien jederzeit erreichen und die Räume mitgestalten können. Dazu gehört auch, dass die Kinder sich orientieren können und alles seinen Platz hat.

Durch eine entsprechende Raumgestaltung wird Partizipation gefördert.

Ein **besteigbarer Wickeltisch** ist nicht nur aus (für pädagogische Fachkräfte) ergonomischen Gesichtspunkten zu befürworten, sondern auch aus Partizipationsgründen. Aus dem gleichen Grund sollten sich Abbildungen und Dekorationen auf den **unterschiedlichen Augenhöhen der Kinder** (auch auf dem Fußboden!) befinden. Spiegel laden zum Beobachten eigener Handlungen ein. Damit die Kinder sich wiederfinden, selbst verwirklichen und ausprobieren können, sollten **Rollenspielbereiche** mit vielfältigen Materialien (Schminke, Bühne, Verkleidungsgegenstände) ausgestattet sein. Die Verkleidungen repräsentieren dabei unterschiedliche Berufe, Familienkulturen und Alltagssituationen (siehe Seite 152ff.).

Genauso wie es **Orte der Begegnung** braucht (z.B. „Piazza", „Bistro", „Treff-Insel", „Amphitheater", zeitlicher Treffpunkt, Sofa, Strandkörbe, multifunktionale Flächen, Disko), braucht es **Rückzugsorte** (z.B. Schaukelstuhl, Nischen, mobile Ruheinseln, Spielpodeste mit Gucklöchern). Durch **bewegliche Raumelemente** können Spielflächen vergrößert oder verkleinert werden und Intensivräume entstehen.

Raum und Ausstattung müssen diversitätsbewusst geplant werden.

Diversität zu thematisieren und im Alltag erfahrbar zu machen, ist eine der zentralen Anliegen pädagogischer Bemühungen. Raum und Ausstattung können hierzu einen wichtigen Teil beitragen.

In Büchern, Spiel- und Bildmaterialien sollten Menschen diskriminierungssensibel dargestellt werden, mit unterschiedlichem/n/r

- Geschlechtern,
- äußeren Merkmalen, wie etwa Brille, Körperformen, Hauttönen, Haarstrukturen,
- Alter,
- Familienformen,
- Familienkulturen,
- Familiensprachen,
- Religionen,
- Lebenssituationen,
- körperlicher und psychischer Verfasstheit.

Entscheidend ist, dass alle Kinder und ihre Bezugspersonen in der Einrichtung sichtbar sind und sich Kinder in der Lernumgebung wiederfinden. „Bereits sehr junge Kinder nehmen wahr, ob alle Puppen, Figuren und Buchcharaktere anders aussehen als sie selbst oder Aspekte ihrer eigenen Identität widerspiegeln. Sie begreifen die in den ihnen zur Verfügung gestellten Büchern transportierten Wert- und Normorientierungen der Erwachsenen und stufen sie zumeist als ‚richtig' ein" (Richter 2022, S. 49).

Eine aktuelle Weltkarte, Gebrauchs- und Einrichtungsgegenstände aus verschiedenen Familienkulturen und Hinweise in der Kita auf die unterschiedlichen Familiensprachen der Kinder zeigen diesen, dass es weit mehr gibt als sie vielleicht aus ihrer eigenen Familie kennen. Die Kita hat hier die Chance und zugleich die wichtige Aufgabe, den Kindern die **Vielfalt der Welt** näherzubringen.

Grundsätzlich sollte es allen Kindern und Erwachsenen möglich sein, die Kita zu nutzen, das heißt, die Kita muss **barrierefrei** geplant und gestaltet werden. Hierzu braucht es zum Beispiel Türrahmen mit mindestens 90 Zentimeter Breite, Rampen an Treppen, Fahrstühle, barrierefreie Toiletten für alle Geschlechter (m/w/d) mit Waschbecken und Toiletten für Kinder aller Größen (U3 und Ü3). Die **Diversitätsbeauftragten** sollte diese Vorgaben stets im Blick haben und überprüfen.

Die Rolle der pädagogischen Fachkraft in Bezug auf Raum und Ausstattung

Jeder Raum ist jedoch immer nur so gut wie die **Planung und Kontrolle** der Raumgestaltung und -nutzung durch die pädagogischen Fachkräfte.

Die Raumgestaltung braucht professionelle Planung und Umsetzung.

Erst das **aktive professionelle Handeln der Fachkräfte** lässt den Raum zu einem **Bildungsort** und damit zu einem wirklich kompetenten „Erzieher" werden. Wie ein Raum von den Kindern genutzt wird, was in ihm zur Verfügung gestellt wird, hängt von der **pädagogischen Haltung der Fachkräfte** ab. Eine am Kind orientierte, das pädagogische Konzept widerspiegelnde Ausstattung mit Alltagsgegenständen und -materialien für vielfältige Sinneserfahrungen – bewusst gewählt für die gerade aktuelle Kindergruppe – ist nicht auf einer Standard-Ausstattungsliste zu finden und hängt im Wesentlichen auch von der Qualität der **professionellen Beobachtungen** ab.

Die pädagogischen Fachkräfte sorgen für eine **„vorbereitete Umgebung"** (Montessori nach: Steenberg 2021, S. 34), indem sie regelmäßig die Voraussetzung für den freien Zugang zu Räumlichkeiten sowie alters- und entwicklungsgemäßen Materialien prüfen. Diese müssen **attraktiv**, also auf einem „visuellen Buffet" präsentiert und regelmäßig ausgetauscht werden, um den **Anregungsgehalt hoch zu halten.** Möglicherweise initiiert die Fachkraft Aktivitäten in einem Raumbereich und präsentiert so seine Funktionsmöglichkeiten. Um die **Explorationsfreude** der Kinder zu fördern, muss sich immer eine sichere Bezugsperson in Sichtweite der Kinder befinden.

Möglichkeiten zur Veränderung bzw. Verbesserung der Raumqualität

- Mit welchen Mitteln kann ich die Lernumgebung gestalten, damit die Interessen und Bedürfnisse der Kinder befriedigt werden und sich ihre Handlungsspielräume erweitern?
- Welche Bewegungs- und Rückzugsmöglichkeiten lassen sich einrichten?

- In welchen Bereichen lassen sich Ecken und Nischen für Werkstattarbeit einrichten und nutzen?
- Welche Alltagsmaterialien und Werkzeuge können angeschafft werden, die die kindliche Neugierde wecken und zu „echtem" Tun herausfordern?
- Wie kann ich eine ästhetisch ansprechende Anordnung von Materialien herstellen, die für die Kinder frei zugänglich sind?
- Wie können Freiräume für eigene Aktivitäten der Kinder im Innen- und Außenbereich, in der Umgebung der Kindertageseinrichtung für forschende, entdeckende Abenteuer, zur sinnlichen Auseinandersetzung mit der natürlichen Umwelt gestaltet werden?
- Wie lässt sich der Tagesablauf mit Ritualen und Routinen strukturieren, damit es den Kindern möglich ist, im eigenen Rhythmus und ohne Unterbrechung Spielabläufe zu gestalten und zu beenden?

ISTA/Fachstelle Kinderwelten (Hrsg.) (2016a): Inklusion in der Kitapraxis #2 – Die Lernumgebung vorurteilsbewusst gestalten. Berlin: WAMIKI.

Haug-Schnabel, G. & Bensel, J. (2015): Raumgestaltung in der Kita. Kindergarten heute praxis kompakt. Freiburg: Herder.

Haug-Schnabel, G. & Wehrmann, I. (Hrsg.) (2012): Raum braucht das Kind: Anregende Lebenswelten für Krippe und Kindergarten. Weimar, Berlin: verlag das netz.

11.

Raum und Ausstattung im Außengelände

Die Qualität des Außengeländes hat **entscheidenden Einfluss auf die Gesundheit und das Wohlbefinden** von Kindergartenkindern (vgl. Söderström et al. 2013). Das vorhandene Spielpotenzial, die Menge an Bäumen, Sträuchern und hügeligem Terrain sowie das ausgewogene Zusammenspiel von Vegetation, offenen Flächen und Spielflächen wirken sich qualitätssteigernd aus.

Draußen – das riecht nach Freiheit, Toben, Klettern, Verstecken, Matschen, Bauen.
Draußen öffnet sich ein magischer Spalt jenseits beengender Räume.
Draußen können wir laut sein und uns schmutzig machen, jedenfalls meistens.
Draußen kann ich mit anderen Kindern auf Entdeckungsreise gehen und Pläne schmieden.
Draußen bin ich springlebendig, neugierig und erfinderisch.
(Lange 2022, S. 4)

Das Spielen und Erleben der Kinder in den Innenräumen der Kita findet draußen seine Fortsetzung – mit dem Unterschied, dass sie zum Beispiel mit **natürlichen Baumaterialien** bauen und konstruieren können, nicht auf dem Bauteppich oder ebenen Boden, sondern auf einem **unebenen, natürlichen Boden** im Außengelände. Damit ergeben sich für die Kinder automatisch andere Fragestellungen und Ausdrucksmöglichkeiten als in der Enge der Innenräume (vgl. Lange 2019).

Das Außengelände sollte Spielräume bieten, die die kindliche Neugierde und ihren Forschungsdrang wecken.

Was Kinder nicht brauchen, ist ein Außengelände, das lediglich ein begrüntes Anhängsel der Innenräume darstellt, oder perfekt aufgeräumte Außenspielflächen bzw. einen ausgefallenen Spielgeräteparcours. Es sollte vielmehr Spielräume bieten, die von den Kindern ernst genommen werden und die ihre Neugierde und ihren Forschungsdrang wecken: als **sinnlicher Lernort im Freien**, der ganzjährig zugänglich ist, an dem sich die Fantasie der Kinder entfalten kann und selbstbestimmte Bildungsprozesse angeregt werden (vgl. ebd.)

(siehe Seite 72). Häufig erleben wir, dass der Garten einer Kita zum kurzen „Lüften“ der Kinder genutzt wird, ohne dass hier nennenswerte Entwicklungs- und Bildungsanreize zu finden wären. Doch ist der Außenbereich genauso als Bildungsbereich zu verstehen, der den ganzen Tag über von den Kindern genutzt werden kann.

Wichtig: Die Kinder **können, müssen aber nicht** rausgehen – und schon gar nicht alle zur gleichen Zeit!

Raum für Bewegung, Körperwahrnehmung, körperliches und psychisches Wohlbefinden

Ein pädagogisch sinnvoll gestaltetes Außengelände ist prädestiniert für jede Art von **motorischer Förderung.** Klettergelegenheiten, Treppen, Rutschbahnen, Hindernisse und Rennstrecken für Fahrzeuge bieten Bewegungsanreize. Sind die **Flächen vielseitig bespielbar** und ist das Außengelände durch unterschiedliche Flächen geprägt, ist eine entwicklungsförderliche Nutzung möglich. **Eine alters- und bedürfnisdifferenzierte Aufteilung** muss auch draußen gewährleistet sein. Ebenso ist es wichtig, dass der Garten für alle Kinder gut erreichbar ist und die Ausstattung den Bedürfnissen aller Kinder entspricht. Damit die Kinder sich frei und unbekümmert bewegen können, benötigen sie passende „Arbeitskleidung“ für das Außengelände.

Hügel, Tunnel, terrassierte Hänge, Gruben und verschiedene Ebenen laden zum Perspektivwechsel und zur **differenzierten Raumerfahrung** ein. Zur **Gleichgewichtsschulung** kann das Außengelände Gelegenheiten wie eine Wippe, Hängebrücke, Baumstämme zum Balancieren oder ein Außentrampolin bereithalten. Wer meint, im Außengelände werde nur die Grobmotorik gefördert, hat noch nicht die unterschiedlichsten Sammlungen von Steinen, Kastanien, Eicheln oder Blättern gesehen, die es in manchen Einrichtungen gibt. Seile, Ketten oder Schnüre fordern zu **feinmotorischen Tätigkeiten** auf.

Raum für Kognition und Sprache: wahrnehmen, denken, entdecken/konstruieren, sich-austauschen

Ein vielseitiges Außengelände bietet eine Unmenge an **Denkanlässen.** Da ist das Beobachten von Tieren, das Pflegen von Beeten, ein Komposthaufen, der langsam verrottet, oder eine **Erfinderwerkstatt** unter freiem Himmel. Auch hier braucht es wenig Spielzeug, „aber viel ‚Zeug zum Spielen', um dem Entdeckungsgeist und dem Bewegungsbedürfnis sensorische Nahrung zu geben" (Lange 2022, S. 5). Attraktiv sind auch hier Alltagsgerätschaften, Werkzeuge und Gartengeräte aus der Erwachsenenwelt.

Der Kreativraum ist drinnen? Weit gefehlt! **Bedeutungsoffene Materialien** (ebd.) regen die Fantasie an und laden zum Bemalen, Schleifen, Behauen und Gestalten ein. Auch eine Staffelei, Straßenkreide, Holzkohle oder Lehm können zum künstlerischen Gestalten draußen genutzt werden.

Der **Orientierungssinn** kann durch Labyrinthe oder Irrgärten herausgefordert werden. Zu sehen gibt es draußen ohnehin genug. Bewusst geschaffene **visuelle Reize** wie Gucklöcher, farbige, leuchtende oder reflektierende Stoffe, bunte Windräder etc. bieten zusätzliche Impulse. Vom Vogelzwitschern über entferntes Hundebellen bis zur vorbeifliegenden Hummel gibt es im Außengelände viel zu hören. Ein Bambusgarten oder Windspiele bieten bewusst geschaffene **Hörerlebnisse.**

Ein „Garten der Sinne" dient der Wahrnehmungsförderung.

Durch einen **„Garten der Sinne"** werden gleichzeitig mehrere Wahrnehmungsbereiche angesprochen. Wege mit unterschiedlichen Bodenbelägen oder eine **Fußfühlstrecke** regen die haptische Wahrnehmung besonders an, wenn auf ihnen **barfuß** gelaufen werden darf. Duftpflanzen, Obstbäume und Kräuterbeete haben einen speziellen Geruch – man muss ihn nur bewusst wahrnehmen.

Was für den Kreativitätsbereich gilt, gilt auch beim Thema **Literacy:** Die Förderung in diesem Bereich muss keinesfalls nur drinnen stattfinden. Die Sprach- und Schreibkompetenz kann im Außenbereich gefördert werden, in dem ein Pflanzenbestimmungsbuch, ein Vogeltagebuch oder ein Herbarium erstellt wird. Für Letzteres werden gepresste Pflanzen auf einem Karton fixiert und beschriftet.

Baumaterialien wie Bretter, Balken, Äste, Bauschutt, Holzstücke oder Ziegel regen die Kreativität beim **Konstruieren** an, ein Wasserlauf mit Staustufen und Möglichkeiten zum Staudammbau oder Sprudelkisten zum Stapeln lassen Bauarbeiter:innen-Herzen höher schlagen.

Materialerfahrungen, wie es sie im Außengelände geben kann, wenn sie bewusst geschaffen werden, könnten mit Steinen, Laub, Erde, Ton, Wasser oder Totholz vielfältiger nicht sein. Auf Sand- und Matschtischen oder in einem Forscherlabor im Grünen können Kinder nach Lust und Laune **experimentieren.** Mit Messbechern, Waagen, Thermometern, Schwämmen, Bechern, Trichtern oder Schüsseln können machen sie erste Erfahrungen mit Naturwissenschaft und Technik.

Digitale Bildung hört nicht an der Gartentür auf.

Die **digitale Bildung** muss selbst vor dem Außengelände nicht Halt machen. Es gibt robuste Tablets, die sich für den Draußen-Einsatz eignen. Mit der Kamera können von den Kindern Fotos und Videos aufgenommen werden, um ihre Projekte zu dokumentieren. Müssen Zusatzinformationen eingeholt werden, können diese über das Tablet leicht beschafft werden. Die im Kapitel zum Innenbereich aufgeführten Apps können selbstverständlich auch draußen genutzt werden.

Raum für soziale Erfahrungen, Partizipation und Autonomie

Materialien, die von den Kindern eigenständig und flexibel genutzt werden können, tragen zu **Selbstwirksamkeitserfahrungen** bei. Befindet sich im Außengelände zum Beispiel auch ein kleiner Stall mit Hühnern, um die sich die Kinder kümmern können, oder ein Beet, das von den Kindern angelegt, gepflegt und geerntet wird, machen sie die Erfahrung, dass sie Verantwortung übernehmen und etwas bewirken können. Natürlich reicht fürs Erste auch ein Vogelhäuschen, in dem die Kinder Vögel regelmäßig mit frischen Körnern versorgen und beobachten können.

Auch im Außengelände sollte es die Möglichkeit geben, **sich zurückzuziehen.** Hierzu eignen sich eine Hängematte, Höhlen, ein Baumhaus mit Guckloch, ein Weidentipi oder eindringbare Hecken. Sitzstufen, Rasenbänke oder eine Feuerstelle mit Sitzen aus Steinblöcken laden hingegen zu **Begegnungen** ein.

Die Rolle der pädagogischen Fachkraft in Bezug auf das Außengelände

Auch im Außengelände gilt: Die pädagogischen Fachkräfte sind für die **didaktische Planung** zuständig, das heißt, sie prüfen regelmäßig, ob das Außengelände den **Bedürfnissen der Kinder entspricht.**

Entspricht das Außengelände den Bedürfnissen aller Kinder?

Zu beachten sind dabei die unterschiedlichen Entwicklungsstufen, körperlichen Bedarfe und der unterschiedliche „Erfahrungsdurst" der Kinder – für alle müssen entsprechende Anregungen vorhanden sein. Auch hier ist immer eine Bezugsfachkraft in Sichtweite der Kinder – gerade der Kleinsten.

Lange, U. (2022): Freispielimpulse: Draußen. Freiburg: Herder.

12.

Alltagsgestaltung

Eine professionelle Alltagsgestaltung in der Kita bedarf einer guten Balance zwischen bekannten Routinen und Flexibilität, zwischen den Bedürfnissen der Gruppe und einzelner Kinder. Jede Form von Übergang, ob beim Ankommen oder Abschiednehmen oder innerhalb des Tagesablaufs, stellt eine Herausforderung für Kinder dar, die wohl überlegt und achtsam begleitet werden sollte.

Ankommen und Abschiednehmen

Das morgendliche Ankommen in der Einrichtung ist für die Kinder jeden Tag ein Übergang zwischen zwei Lebenswelten, den sie bewältigen müssen.

Ankommen am Morgen – ein Weltenwechsel.

Hierzu brauchen sie die **Regulationshilfe** durch ihnen vertraute Personen (siehe Seite 134f.). Ein kurzes Tür-und-Angel-Gespräch über die Befindlichkeiten des Kindes in der Nacht und am Morgen hilft gerade bei Krippenkindern, die **individuellen kindlichen Bedürfnisse** an diesem Tag besser zu verstehen. Meist haben die Kinder ganz **individuelle Rituale** zum Ankommen. Es gibt Kinder, die am liebsten erstmal auf die Hochebene verschwinden und das Gruppengeschehen aus sicherer Entfernung beobachten. Dann gibt es Kinder, die als erstes ihre Brotdose herausholen – und so nicht gefragt werden, mit was sie sich beschäftigen wollen. Andere nehmen sofort Kontakt mit anderen auf oder finden schnell in ein Alleinspiel. Egal, was es auch ist: Die **individuellen Bedürfnisse** der Kinder müssen situativ angenommen und geachtet werden. Die morgendlichen Rituale bieten den Kindern in aller Regel Sicherheit und Orientierung. Das Bereitstellen des Spielmaterials vom Vortag kann zusätzlich helfen, in der Kita anzukommen. Auch ein Start im Außengelände oder im Bewegungsraum sollte möglich sein.

Die individuellen Bedürfnisse beim Kita-Start müssen wahrgenommen und beantwortet werden.

Das kann den Start in den Tag übrigens auch den Fachkräften wesentlich erleichtern!

Das Ankommen der Eltern und die Verabschiedung des Kindes und der Eltern aus der Kita ist für Kinder der nächste „Weltenwechsel“ am Tag. Dies darf nicht unterschätzt werden. Kinder brauchen auch hier die Regulationshilfe durch erwachsene Bezugspersonen. Das **kindliche Zeitverständnis** entwickelt sich erst im Laufe der Zeit. Kleinere Kinder können noch nicht abschätzen, wann die Eltern wiederkommen und ob es bald Zeit ist, sich von der Kita, den Freunden und den Fachkräften zu verabschieden, mit denen sie den Tag verbracht haben. Auch hier helfen **Rituale** und eine gut durchdachte und den Eltern bekannte **Organisation des Abschieds.** Eltern, die unter Zeitdruck stehen, sollten bestmöglich unterstützt werden, um dem Kind den Raum beim Übergang zu geben, den es zur Bewältigung braucht.

Exkurs: Begrüßung und Verabschiedung:

Jedes Kind sollte selbst entscheiden dürfen, wie es andere begrüßt und verabschiedet: „Ob es die Hand gibt, abklatscht, umarmt, mit dem Fuß abklatscht, winkt, dem anderen dabei in die Augen schaut oder nicht. Über diese körperliche Angelegenheit darf jedes Kind und auch die Fachkraft selbst bestimmen. Es ist auch das Recht des Kindes, sich nicht ‚ordentlich' zu verabschieden. Bei Krippenkindern geht die morgendliche Begrüßung meistens mit Körperkontakt einher, insbesondere wenn der Abschied von den Eltern schwerfällt. Das Kind sollte während dieses Abschieds genau beobachtet werden. Die Arme werden angeboten, aber das Kind wird nicht unangekündigt in den Arm genommen" (Wedewardt & Hohmann 2021, S. 73).

Tagesablauf

Den Kindern **bekannte Abläufe und Routinen** bieten ihnen eine gewisse Orientierung im Alltagsgeschehen. Wichtig dabei ist, dass diese Abläufe stetig von den Fachkräften beobachtet, reflektiert und bei Bedarf angepasst werden.

Bekanntes erzeugt Sicherheit.

Das ist es, was Christin Füchtenschneider (2023, S. 51) unter anderem mit **„situativer Wendigkeit"** oder Fea Finger und Hannah Vasiliadis mit **„Strukturflexibilität"** (vgl. Finger 2024, S. 93) meinen. Das starre Festhalten an Strukturen steht im Widerspruch zum Partizipationsgedanken (vgl. ebd., S. 93f.). Ein pädagogischer Alltag, der durch pädagogische Fachkräfte **professionell reflektiert und geplant** wird, ist die Grundvoraussetzung für gelungene Prozesse und das Wohlbefinden von Kindern und Erwachsenen in der Einrichtung. Besonderes Augenmerk sollte auf Situationen gelegt werden, in denen Unruhe und Konflikte entstehen, sogenannte „Knallstellen" (Haug-Schnabel 2012) (siehe Seite 77). Die kindlichen Aktivitäten müssen von den Fachkräften gut beobachtet werden. Wichtig ist es, Kindern **individuelle zeitliche Möglichkeiten** zu geben, sie gegebenenfalls ihr Spiel zu Ende spielen zu lassen und **Unterbrechungen möglichst** zu **vermeiden.** Ist das nicht möglich, sollten solche Brüche rechtzeitig angekündigt werden. Die kindlichen Bedürfnisse, Interessen und Themen müssen dabei stets handlungsleitend sein.

> Die Bedürfnisse der Kinder sind höher zu werten als die Einhaltung des Zeitplans (vgl. Alemzadeh 2012, S. 8ff.).

Hin und wieder sollten Fachkräfte sich deshalb fragen: Ist es wirklich so schlimm, wenn alle schon im Morgenkreis sitzen, Tom aber unbedingt noch seinen Turm fertig bauen will? „Wenn ich bei einem Kind eine Ausnahme mache, wollen das gleich alle!" (Wedewardt & Hohmann 2021, S. 168) ist ein Glaubenssatz, der sich immer noch hartnäckig hält. Die Realität aber sieht anders aus: Andere Kinder werden die Ausnahme akzeptieren, wenn sie nicht das gleiche Bedürfnis haben, denn jedes Bedürfnis ist nur so lange da, bis es erfüllt wird (vgl. ebd.).

Wenn Kinder die Alltagsabläufe **mitgestalten können** (z.B. Vorbereitung von Mahlzeiten, Richten des Schlafraums) und die Routinen sprachlich begleitet werden, können die **Kinder zeitliche Abläufe besser nachvollziehen** und **Übergänge einfacher bewältigen.** Rituale haben im Gegensatz zu Routinen Symbolgehalt, das heißt, sie werden durch bestimmte Mittel (Lied, Glöckchen, Spiel) immer gleich begleitet. Entscheidend ist auch hier, dass sie entwicklungsgemäß sind bzw. von den Kindern mitentwickelt und -gestaltet werden (siehe Seite 146ff.). Wünschenswert ist, dass auch die Rituale einer stetigen Überprüfung unterzogen werden. Werden von den Kindern eigens entwickelte Rituale der Fachkräfte akzeptiert und in die Alltagsabläufe einbezogen? Kinderkonferenzen oder der Morgenkreis sind Rituale, in denen sich die Kinder bewusst in der Gruppe wahrnehmen, sich begrüßen oder verabschieden und die Gemeinschaft erleben können. Sind Alternativen zum Morgenkreis, bei der Kinder sich als Gruppe erleben können, vielleicht auch Treffen und Versammlungen als freiwillige Angebote wie zum Beispiel ein Vorlesekreis in der Bibliothek, Singen mit Gitarre im Garten, eine Märchenstunde nach dem Mittagessen? (vgl. Franz 2023, S. 41).

Nicht alle Rituale müssen für alle Kinder passen!

Der „Geburtstagsstuhl" oder das „Aufräumglöckchen" sind beliebte Rituale in der Kita. Sie müssen aber nicht für alle Kinder passen!

Ein Kita-Tag kann für manche Kinder (und auch Fachkräfte) lang sein. Eine **gute und flexible Struktur** und das Schaffen einer **Balance zwischen ruhigen und lebhaften Aktivitäten** sind hier von großer Bedeutung, um den individuellen oder auch alters- und entwicklungsspezifischen Aktivitätsbedürfnissen Rechnung zu tragen. Bewusst eingeplante Bewegungs- und Entspannungseinheiten in der Klein- oder Gesamtgruppe können den Tag deutlich angenehmer machen. Erfahrungsgemäß bringt es auch eine große Erleichterung, wenn Aktivitäten jederzeit sowohl drinnen als auch draußen stattfinden dürfen. Die **räumlichen Bevorzugungen** der Kinder sollten dabei stets im Mittelpunkt der Überlegungen stehen.

Wie bereits beschrieben, ist eine gute Beobachtung die Grundlage für pädagogische Planungen (siehe Seite 81ff.). Diese lassen auch darüber entscheiden, welche Kinder zu welcher Zeit in Kleingruppen (auch gruppenübergreifend) einem bestimmten Thema nachgehen und was sie dazu benötigen.

Zeitweilig voneinander abweichende Tagesabläufe können den Kita-Tag erleichtern.

Gibt es eine Reihe bewegungshungriger Krippenkinder, die derzeit die Fahrstraße im Außengelände für Wettrennen nutzt, häufig aber zu wenige Fahrzeuge gleichzeitig da sind, weil die größeren Kinder sie als Transportfahrzeuge für ihre Baustelle benötigen? Das führt logischerweise zu Konflikten. Warum nicht die Fahrstrecke zeitweise für die kleinen „Raser" reservieren? Die Transportfahrzeuge stehen den Älteren dann wieder in voller Anzahl zur Verfügung, wenn die Jüngeren beim vorgezogenen Mittagessen sind. Diese **zeitweilige**

Binnendifferenzierung entzerrt das Alltagsgeschehen, verringert das Konfliktpotenzial und sollte unbedingt zur Ausstattung der pädagogischen Trickkiste gehören (siehe Seite 110).

Völkel, M. (2023): Spielen mit Krippenkindern: Mit Ritualen durch den Tag. Freiburg: Herder.

Völkel, M. (2022): Spielen mit Krippenkindern: Morgenkreis. Freiburg: Herder.

13.

Körperliches und psychisches Wohlbefinden, Gesundheit

Das Feld Gesundheit und Wohlbefinden umfasst neben körperlichen Aspekten vor allem auch die psychische Facette von Gesundheit. In diesem Kapitel werden Qualitätskriterien zu Ernährung, Pflege, Schlafen und Ruhen ebenso wie zu Gewaltschutz und Resilienz beleuchtet.

Ernährung

Nachdem Kinder für eine gesunde körperliche, emotionale und geistige Entwicklung auch ausgewogene, abwechslungsreiche Speisen brauchen, gehört zu einer guten Prozessqualität in Kitas auch eine „gesundheitsförderliche Ernährung“ (Methfessel et al. 2016).

> Die Ernährung ist ein „elementarer Bestandteil von Gesundheitsförderung und Prävention“ (Wehrmann 2023, S. 149).

Um auch in diesem Bereich **Chancengerechtigkeit** anzustreben, sollte die frühe Bildung die wichtige Aufgabe wahrnehmen, die Essgewohnheiten von Kindern „von klein auf positiv zu beeinflussen“ (ebd.). Dabei sollten auch die diversen Familien- und Ernährungskulturen berücksichtigt werden.

Ideal ist es, wenn die Kita über eine hauseigene Küche mit ausreichend technischer Ausstattung verfügt (vgl. Wehrmann 2023, S. 150). Hier sollte nach Möglichkeit Personal eingesetzt werden, das nachgewiesenes Fachwissen über Kinderernährung hat. Aber auch ohne Kita-Küche können die Maßgaben zur Zubereitung überwiegend frischer Lebensmittel, vielfältiger saisonaler Zwischenmahlzeiten und zuckerfreier Getränke umgesetzt werden.

Vielfältige **Projekte zum Thema** „gesundheitsförderliche Ernährung“ können bereits mit den Kleinsten durchgeführt werden: säen, pflanzen, ernten, kochen, backen, der Besuch eines Bauernhofes, ein Einkauf auf dem Markt, in der Bäckerei oder im Supermarkt. Ideal ist natürlich ein Garten mit Platz für Naturerlebnisse, wie zum Beispiel ein Kräuterbeet oder Naschgarten.

Bei den Mahlzeiten selbst ist eine **entspannte Atmosphäre** in kleinen Gruppen an einem schön gedeckten Tisch, an dem Gespräche stattfinden dürfen und auch „Quatsch machen" mal erlaubt ist, entscheidend. Je nach Entwicklungsstand der Kinder sollte auch das **Essen mit den Fingern** erlaubt sein, etwa, wenn ein Kind besonders hungrig, angestrengt oder müde ist und infolgedessen auf das vertraute „Essen mit der Hand" zurückgreift, obwohl das Besteck griffbereit vor ihm liegt (vgl. Gutknecht & Höhn 2017, S. 25). Wenn möglich, sollte die Fachkraft einen sogenannten pädagogischen Happen mitessen, um den Kindern als Modell zu dienen. Natürlich dürfen die Bedürfnisse der Fachkräfte nach Pausen, Ruhe etc. dabei nicht zu kurz kommen. Alles in allem kann gesagt werden:

> Wichtiger als das „Was" oder „Wie" ist mit Sicherheit die Atmosphäre beim Essen.

Mahlzeiten sollten als Lerngelegenheiten genutzt werden.

Noch dazu bietet kaum eine Situation so viele **Lerngelegenheiten** wie gemeinsame Mahlzeiten. Gleichzeitig gibt es aber auch an diesem Tagespunkt viel **Konfliktpotenzial.** Laut Wedewardt und Hohmann (2021) sind „insbesondere die Pflegezeiten […] prädestiniert dafür, Kinder zum Essen oder Schlafen zu zwingen, die körperlichen und emotionalen Grenzen zu missachten und gewaltvoll zu agieren" (ebd., S. 87). Die Autorinnen weisen ausdrücklich darauf hin, dass „Essen das Hoheits- und Entscheidungsgebiet des Kindes [ist]. […] Die körperliche Grenze ist in jedem Fall dann überschritten, wenn Kinder dazu gedrängt werden, etwas zu probieren oder etwas Bestimmtes zu essen" (ebd., S. 73) (siehe auch Seite 123ff.).

Das Thema Mahlzeitengestaltung hat viel mit Gewaltfreiheit zu tun.

Es ist wichtig, dass im Team **über Essenssituationen reflektiert** wird, um auch hier **gewaltfrei** zu handeln: Abneigungen der Kinder müssen respektiert und Ekelgefühle wahrgenommen werden. Fachkräfte können die Kinder zum Probieren ermuntern, aber nicht zwingen, und auch der Nachtisch sollte ihnen nicht verwehrt werden, wenn nicht aufgegessen wurde.

„Fachkräfte, die sich nicht sicher sind, ob eine Maßnahme in Ordnung ist oder nicht, können sich immer wieder selbst fragen, ob sie das, was sie gerade mit den Kindern beabsichtigen, auch bei einem erwachsenen Menschen – vielleicht mit der besten Freundin – machen würden." (Finger 2024, S. 78).

Eine bedürfnisorientierte Begleitung von Kindern erfordert es, dass die Essenszeiten an die Hunger- und Schlafbedürfnisse der Kinder angepasst werden, die Kinder ihr Besteck selbst wählen, sich selbst nehmen dürfen und (nur) so viel Unterstützung erhalten, wie sie benötigen (siehe Seite 146ff.). Für jedes Kind sollte es eine **Sitzmöglichkeit in angemessener Größe** geben. Dies lässt sich leicht daran erkennen, ob die Füße beim Sitzen den Boden bzw. eine Fußablage berühren können. Für Kleinstkinder muss die Sitzgelegenheit **gesichert** sein, sie dürfen dort aber nicht gegen ihren Willen fixiert werden! Es spricht nichts dagegen, die Kinder mit echtem Besteck und Geschirr hantieren zu lassen und sie dabei gut zu begleiten. Eine einzige Art von Besteck wird mit Sicherheit nicht den Bedürfnissen der ganzen Gruppe gerecht, sondern muss individuell ausgewählt werden (vgl. Gutknecht & Höhn 2017, S. 67). „Wenn das Werkzeug der motorischen und sensorischen Entwicklung angepasst ist, findet das Kind in ein freudvolles Hantieren bei der Mahlzeit" (ebd.).

Einige Einrichtungen erklimmen die nächste Sprosse auf der „Partizipationsleiter", indem sie die Kinder an der **Erstellung des Speiseplans** beteiligen und das Essen bewerten lassen. Das entspricht im Übrigen auch dem Nachhaltigkeitsgedanken, da in der Folge weniger Essensreste weggeworfen werden müssen.

Bartoldus, B. & Röhling, I. (2021): Mach mit! Ideen zur gesunden Ernährung in der Kita. Lahr: Ernst Kaufmann.

Bergmann, H. (2021): Urban Gardening mit Kindern. Nachhaltige Garten-Projekte für die Kita. Freiburg: Herder.

Methfessel, B.; Höhn, K.; Miltner-Jürgensen, B. & Schneider, K. (2021): Essen und Ernährungsbildung in der KiTa: Entwicklung – Versorgung – Bildung. 2. Aufl. Stuttgart: W. Kohlhammer.

Jung, M. (2018): Kita aktiv: Projektmappe Ernährung. Kempen: BVK Buch Verlag Kempen.

Gutknecht, D. & Höhn, K. (2017): Essen in der Kinderkrippe. Achtsame und konkrete Gestaltungsmöglichkeiten. Freiburg: Herder.

BMEL – Bundesministerium für Ernährung und Landwirtschaft (2020): Gesunde Ernährung in Kitas nach Qualitätsstandards. Online unter: www.bmel.de/DE/themen/ernaehrung/gesunde-ernaehrung/kita-und-schule/qualitaetsstandards-kindertageseinrichtungen.html.

Pflegesituationen

Pflegesituationen, das heißt, Wickeln oder das Begleiten zur Toilette, sind **wertvolle Beziehungszeit** und halten vielfältige Lernerfahrungen bereit.

Pflegesituationen sind wertvolle Beziehungszeit.

Eine achtsame Begleitung ist hier – gerade in den ersten drei Jahren – entscheidend. Bereits Anfang des 19. Jahrhunderts entwickelte die ungarische Kinderärztin **Emmi Pikler** Grundsätze zu beziehungsvoller und achtsamer Pflege. Sie postulierte, dass Kinder **sichere, stabile Beziehungen und Geborgenheit** in Pflegesituationen brauchen und möglichst selbstständig und aktiv an den Situationen teilhaben sollten (vgl. Grieper 2016; Vollmer 2021, S. 241). Nach Gutknecht et al. (2021, S. 14) sollte im Sinne eines professionellen Handlings sowie auch der Beziehungs- und Interaktionsqualität niemand Kinder wickeln, der nicht gelernt hat, wie das geht.

Doch betrachten wir zunächst die ganz praktische Seite der Pflege: Eine **gute Erreichbarkeit des Sanitärbereichs** und vor Ort eine gute Erreichbarkeit der Pflegeutensilien ist zwingend erforderlich. Eine kleine **Treppe zum Besteigen des Wickelplatzes** und die angemessene Höhe des Wickeltischs fördern sowohl kindliche Autonomiebestrebungen als auch die Rückengesundheit der pädagogischen Fachkräfte. Ein sicherer und leicht zu reinigender Wickelbereich mit einem integrierten Waschbecken mit Warmwasseranschluss und Handdusche, nicht blendendes Licht, eine gute Be- und Entlüftung sowie eine angemessene, zu regulierende Temperatur (z.B. Heizstrahler) sind **funktionale Raumaspekte.**

Pflegesituationen sollten ruhig und angenehm sein.

Zusätzlich sollte es sich hier um einen **ruhigen, abgeschirmten Bereich in angenehmer und freundlicher Atmosphäre** handeln. Gerade in der Krippe verbringen Fachkräfte und Kinder keinen unerheblichen Teil des Tages in diesem Raum.

Der Sanitärbereich sollte daraufhin überprüft werden, ob Waschbecken, Wasserhähne, Handtücher, Spiegel etc. für alle Kinder der Einrichtung gut erreichbar sind.

Das Inklusionsverständnis muss sich auch im Sanitärbereich bewähren.

Auch in Pflegesituationen wird eine **partizipative und bedürfnisorientierte Haltung** gelebt. „Qualitätsvolle stressreduzierte Pflege zeigt sich insbesondere darin, wie viel **Kooperation und Partizipation** dem Kind zugestanden wird, das die Pflege erfährt“ (Gutknecht et al. 2017, S. 23). Wie bereits erwähnt, bietet die Pflegesituation wie kaum eine andere die Möglichkeit zu 1:1-Kontakten und sollte somit auch zum **Beziehungsaufbau** genutzt werden (siehe Seite 70ff.). Pädagogische Fachkräfte können hier die Chance ergreifen, sich einzelnen Kindern individuell zuzuwenden und Dialogbereitschaft signalisieren. Die Zugewandtheit beim Wickeln sollte durch das Sauberwerden des Kindes aber keinesfalls verlorengehen, sondern durch andere Rituale ersetzt werden.

Die **individuellen Bedürfnisse** in Pflegesituationen, wie zum Beispiel eine geöffnete oder geschlossene Türe, das Urinieren im Stehen oder Sitzen, die Zeitbedürfnisse des Kindes sowie seine Vorlieben in Bezug auf die wickelnde Person sollten nach Möglichkeit beachtet werden. Kinder möchten gerne „mithelfen“. Das geht beim Schließen der Windel, beim Aufknöpfen oder Hochziehen der Hose. Manche Kinder möchten lieber im Stehen gewickelt werden, auch das ist möglich!

Gutknecht, D.; Stehmeier, S. & Daldrop, K. (2021): Achtsam und responsiv: Das manuelle Handling in der Kita. Kita-Fachtexte. Online unter: www.kita-fachtexte.de/fileadmin/Redaktion/Publikationen/211006_KitaFachtexte_Gutknecht_01.pdf.

Gutknecht, D. & Haug-Schnabel, G. (2019): Windel adé. Kinder in Krippe und Kita achtsam begleiten. Freiburg: Herder.

Schlafen und Ruhen

Auch beim Schlafen und Ruhen ist Rücksicht auf die **individuellen Bedürfnisse** der Kinder selbstverständlich. Sind die Kinder müde, sollten sie schlafen dürfen. Genauso muss gelten: Wenn ein Kind nicht müde ist, darf es nicht ins Bett gezwungen werden. Kinder haben einen sehr individuellen Schlafbedarf.

Eine unpassende Schlaf- und Ruhegestaltung befördert einen **massiven Anstieg von Stress**. Diese Belastung kann neben Einschlaf- und Durchschlafstörungen in der Nacht zu einer Ablehnung der Kita-Einrichtung führen (vgl. Fukuda & Asaoka 2004; Pattinson et al. 2014).

Beim Thema „Schlafen und Ruhen" ist weitaus mehr Flexibilität möglich und nötig als viele zunächst meinen. Auch außerhalb fester Zeiten und Orte sollten die Bedürfnisse der Kinder erfüllt werden. Die Möglichkeiten sind vielfältig – sei es im Kinderwagen im Garten, in der Kuschelecke unter der Treppe oder auch in der Trage. Daneben kann das **Ruhen auch mit einer Aktivität verbunden** sein und bedeutet nicht ausschließlich Liegen und körperliche Inaktivität. Hier sind Spielsorten gefragt, die einen Spannungsabbau fördern und lärmreduziert umgesetzt werden können.

Bei kaum einem anderen Thema kollidieren Wünsche und Bedürfnisse aller Beteiligten – Kinder, Fachkräfte und Eltern – so stark, und es ist oft schwer, eine gute Balance zu finden. Fea Finger macht Mut: „Zunächst scheint [diese Praxis] viel Aufwand zu bedeuten. Doch sobald die Fachkräfte sich daran gewöhnt haben, ist eher das Gegenteil der Fall. Letztlich sind die personellen Ressourcen dann einfach anders verteilt als sie es vorher waren“ (ebd. 2024, S. 83).

Schlafen und Ruhen brauchen eine höchst individuelle Begleitung.

Um in den Schlaf zu finden, braucht ein Kind das **Gefühl, sicher zu sein.** Das kann einen innigen Moment der **Beziehungspflege** bedeuten (vgl. Kramer & Gutknecht 2018, S. 45), das Begleiten durch ruhige Musik, Vorlesen, eine Traumreise oder Rückenmassage. Vertraute Rituale und Übergangsbegleiter (z.B. der Schnuller oder das Kuscheltier) in und nach dem Schlaf sollten mit den Eltern abgestimmt und von der Kita eingesetzt werden.

Und wenn die Kinder nicht schlafen oder ruhen möchten? Auch das muss möglich sein! Sind die Kinder wach, dürfen sie selbstständig aufstehen und einer Tätigkeit nachgehen. Zugunsten eines gesunden Nachtschlafs können Kinder unter den passenden Voraussetzungen auch geweckt werden. Hier bedarf es einer **engen Abstimmung zwischen Kita und Familie.** Öffnungszeiten müssen gegebenenfalls überdacht werden und in Regelungen münden, die das Wohl des Kindes im Blick haben.

Kramer, M. & Gutknecht, D. (2024): Schlafen und Ruhen responsiv begleiten. Achtsame und konkrete Gestaltungsmöglichkeiten. Freiburg: Herder.

Sicherheit, Hygiene und Gesundheitsvorsorge

Auch das weitläufige und oft unbeliebte Thema der Sicherheit, Hygiene und Gesundheitsvorsorge muss im Hinblick auf die Prozessqualität betrachtet werden. Ein:e Hygiene- und Sicherheitsbeauftragte:r sollte die Einhaltung der vorgeschriebenen Maßnahmen in der Kita überwachen.

Sicherheit

In puncto Sicherheit müssen Begehungen des Innen- und Außenbereich nach Checklisten stattfinden und schwerwiegende Gefahrenquellen durch **Schutzmaßnahmen** (z.B. Klemmschutz an Türen, keine giftigen Pflanzen, Schutz vor Verbrühungen/Verbrennungen, gesicherte Steckdosen, keine losen Elektrokabel, keine Strangulationsgefahren) ausgeschlossen werden. **Notausgänge** müssen gekennzeichnet, unverschlossen und unverstellt sein, ein Notfallplan und Notrufnummern müssen aushängen, gut zugängliche Feuerlöscher, Brandmelder, Erste-Hilfe-Kasten und Telefone vorhanden sein. Die pädagogischen Fachkräfte verfügen über eine **aktuelle Erste-Hilfe-Ausbildung** für alle Altersstufen der Kinder und führen mit den Kindern regelmäßige Notfallübungen durch. Des Weiteren ist es Vorschrift und auch sinnvoll, dass immer **mindestens zwei Erwachsene in der Einrichtung** sind.

Hygiene

Hygienevorschriften sind im **Hygienekonzept** der Kita festzuschreiben. Die Einrichtung muss einer **regelmäßigen Reinigung** (auch der Spielmaterialien) unterzogen werden. Weitere Maßnahmen sind das Abdecken des Sandkastens und das regelmäßige Austauschen des Sands im Außengelände, das Waschen des Bettzeugs mindestens einmal pro Woche bzw. nach Bedarf, das Aufbewahren des Bettzeugs in getrennten Fächern und die Lagerung von Schlafmatten oder Matratzen und Kissen mit Abstand. In den täglichen Abläufen sollte auf **regelmäßiges Händewaschen** mit Seife, Desinfizieren von Töpfchen und Wickelflächen nach jeder Benutzung sowie das getrennte Aufbewahren von Zahnbürsten und -bechern, Schnullern und Flaschen geachtet werden. Alle Kinder nutzen ein eigenes Handtuch oder Papierhandtücher, und jedes Taschentuch wird nur für ein Kind und nur einmal verwendet.

Gesundheitsvorsorge für Kinder

Um die Gesundheit der Kinder zu gewährleisten, braucht es weit mehr als zunächst vielleicht einleuchtet. Neben dem Träger (z.B. bei baulichen Maßnahmen) haben auch die pädagogischen Fachkräfte im Alltag die Verantwortung, für die kindliche (und die eigene) Gesundheit zu sorgen.

Pädagogische Fachkräfte sind für die Gesundheit der Kinder in der Kita verantwortlich.

Um diesem Auftrag gerecht zu werden, haben die Fachkräfte regelmäßig die Lichtverhältnisse, Raumtemperatur und Luftfeuchtigkeit in der Kita zu prüfen. Für **angenehme Akustik** sorgen zum Beispiel Schallschutzdecken und -farbe, das Einführen und Begleiten einer Geräuschampel und klare Regeln, die mit den Kindern besprochen und gemeinsam beschlossen wurden. Das **Kindeswohl** gewährleistende Entwicklungsbedingungen sind in Elterngesprächen, auf Themenelternabenden, durch Aushänge am Schwarzen Brett oder mittels einer Elternbibliothek zu kommunizieren. Bei Bedarf sollten Fachkräfte den Auftrag wahrnehmen, die **Eltern** in Bezug auf das von zu Hause mitgebrachte Essen, witterungsangepasste, bewegungsfreundliche Kleidung sowie gesundheitliche, Entwicklungs- und Verhaltensauffälligkeiten zu beraten. Gegebenenfalls verweisen sie Eltern auch an (sozial-)medizinische Fachkräfte oder -dienste. Vor der Aufnahme sind der Impfstatus und der Stand der Vorsorgeuntersuchungen des Kindes durch die Einrichtung zu prüfen.

Kinderschutz

Nach Paragraf 1631 Absatz 2 BGB haben Kinder seit dem Jahr 2000 das „Recht auf gewaltfreie Erziehung". Gewalt an Kindern durch Erwachsene findet dennoch immer wieder statt – sowohl im privaten Umfeld des Kindes als auch in der Kita. „Sollen sich Kinder [aber] zu selbstwirksamen Menschen entwickeln, die Konflikte gewaltfrei lösen lernen, benötigen sie **Vorbilder, die selbst auf Gewalt und Strafen verzichten**" (Hohmann 2022, S. 28).

Das Problem hier ist, dass sich viele Erwachsene gar nicht bewusst sind, was als verletzendes Verhalten gilt (vgl. ebd., S. 18). **Körperliche Bestrafungen, seelische Verletzungen und generell entwürdigende Maßnahmen** sind nicht zulässig. Zur seelischen Gewalt zählen beschämen, demütigen, ausgrenzen, isolieren, diskriminieren, abwerten, aber auch überbehüten, ständiges Vergleichen mit anderen Kindern, Angst machen, anschreien und beleidigen. Seelische Vernachlässigung ist es zum Beispiel, Trost oder einen verbalen Dialog zu verweigern oder das Kind zu ignorieren (vgl. Maywald 2019, S. 12). Und auch Antidiskriminierungsarbeit ist aktiver Kinderschutz (vgl. Richter 2022, S. 28).

Gewalt hat langfristige Folgen für die Kinder.

Alle Formen von Gewalt können **langfristige Folgen für die Kinder** haben. Diese können körperlich, seelisch oder psychosomatisch sein, aber auch Störungen in Kontakten und Beziehungen sowie Sprach- und Lernstörungen, mangelnde Identitätsgefühle oder ein gestörtes Selbstwertgefühl können daraus resultieren.

Wichtig ist zu wissen, dass sich der soziale, seelische Schmerz (social pain) ähnlich tief und schmerzhaft im Gehirn verankert wie der körperliche Schmerz (physical pain) (vgl. Bauer 2008).

Wie stark ein Kind von den Folgen übergriffigen Verhaltens geprägt wird, hängt von vielen Faktoren ab und ist **nicht an der Intensität messbar.** Die Nachhaltigkeit der Folgen ist unter anderem auch von der Widerstandsfähigkeit (siehe auch Seite 132f.) eines Kindes abhängig sowie von den Schutzfaktoren, die das Kind umgeben (vgl. Maywald 2019, S. 21f.).

Eine wichtige Aufgabe oder eigentlich die wichtigste Aufgabe pädagogischer Fachkräfte ist es, Gewalt an Kindern nach allen Möglichkeiten zu verhindern.

Schutz vor Gewalt in Kindertageseinrichtungen

In jüngerer Zeit haben Bücher wie „Gewalt durch pädagogische Fachkräfte verhindern“ (Maywald 2019) oder „Seelenprügel“ (Ballmann 2019) wachgerüttelt: Auch in Kindertageseinrichtungen findet **Gewalt an Kindern** statt.

Kitas müssen ein sicherer Ort für Kinder werden!

Die Ursachen für gewaltvolles Handeln sind vielfältig. Wenn Fachkräfte gewaltvoll reagieren, kann das unterschiedliche Ursachen haben. „Die eigene Sozialisation und Biografie, Risikofaktoren, tiefe Muster, eine geringe Selbstkontrolle und schwache Regulationsfähigkeit sowie eine bewusste Überzeugung für diese Erziehungsform können ausschlaggebend sein" (Wedewardt & Hohmann 2021, S. 80).

Insofern ist die **Pflicht zur Erstellung eines Gewaltschutzkonzepts** ein erster wichtiger Schritt. In diesem Prozess müssen pädagogische Fachkräfte ihr eigenes Verhalten hinterfragen und festlegen, wie sie mit Kindern umgehen wollen (vgl. Finger 2023, S. 86).

Kitas sind zur Erstellung eines Gewaltschutzkonzepts verpflichtet.

Ein solcher **Verhaltenskodex** beschreibt ganz konkret, wie ein **respektvoller und gewaltfreier Umgang** mit den Kindern gelebt wird – mit dem Ziel, die berufliche Ethik zu wahren (vgl. auch Laewen & Andres 2022). An dieser Stelle sei auch auf die Reckahner Reflexionen (Prengel et al. 2023) verwiesen, die bereits präzise Leitlinien für die Kita-Praxis formulieren:

Die 10 Leitlinien der Reckahner Reflexionen

Was ethisch begründet ist

1. Kinder werden wertschätzend angesprochen und behandelt.
2. Pädagogische Fachkräfte hören Kindern zu.
3. Bei Rückmeldungen zum Lernen wird das Erreichte benannt. Auf dieser Basis werden neue Lernschritte und förderliche Unterstützung besprochen.
4. Bei Rückmeldungen zum Verhalten werden bereits gelingende Verhaltensweisen benannt. Schritte zur guten Weiterentwicklung werden vereinbart. Die dauerhafte Zugehörigkeit aller zur Gemeinschaft wird gestärkt.
5. Pädagogische Fachkräfte achten auf Interessen, Freuden, Bedürfnisse, Nöte, Schmerzen und Kummer von Kindern. Sie berücksichtigen ihre Belange und den subjektiven Sinn ihres Verhaltens.
6. Kinder werden zu Selbstachtung und Anerkennung der Anderen angeleitet.

Was ethisch unzulässig ist

7. Es ist nicht zulässig, dass pädagogische Fachkräfte Kinder diskriminierend, respektlos, demütigend, übergriffig oder unhöflich behandeln.
8. Es ist nicht zulässig, dass pädagogische Fachkräfte Produkte und Leistungen von Kindern entwertend und entmutigend kommentieren.
9. Es ist nicht zulässig, dass pädagogische Fachkräfte auf das Verhalten von Kindern herabsetzend, überwältigend oder ausgrenzend reagieren.
10. Es ist nicht zulässig, dass pädagogische Fachkräfte verbale, tätliche oder mediale Verletzungen zwischen Kindern ignorieren.

(nach Prengel et al. 2023)

Anke Elisabeth Ballmann (2020) formuliert, was pädagogische Fachkräfte mitbringen und tun sollten, um Kinder liebevoll zu begleiten. Würden all diese Kriterien umgesetzt, so Ballmann, wären Kinder in allen Kitas gut aufgehoben (vgl. ebd.). Pädagogische Fachkräfte sollen:

- achtsam zu sich selbst sein, ihre eigenen Gefühle kennen und mit diesen umgehen können;
- klar und echt denken und agieren;
- offen und gewaltfrei kommunizieren und mit all ihrer geballten Kreativität Lösungen finden;
- Kinder stets ermutigen und als vollwertige Menschen akzeptieren;
- flexibel und bereit für Veränderungen sein;
- zuhören können und Menschen mögen und wertschätzen;
- Verantwortung übernehmen können und sich ihrer Individualität – ihrer Vorlieben und Abneigungen, ihrer eigenen Stärken und Schwächen – in jedem Moment bewusst sein;
- resilient sein und eine positive Pädagogik aus vollem Herzen leben wollen;
- für unsere Kinder stellvertretend und ergänzend zu deren Eltern als Vorbilder agieren, die ihnen Liebe, Halt, Geborgenheit und Anerkennung geben;
- sich vor allem ohne eine einzige Ausnahme darüber klar sein, dass sie bei Kindern Würde und Liebe säen müssen, wenn sie diese auch ernten wollen.

Das Gewaltschutzkonzept der Kita muss vom Träger beim Landesjugendamt vorgelegt werden. Dieses ist vom Kita-Team unter Einbeziehung des Trägers zu entwickeln. Die Positionierung des Trägers ist in diesem Zusammenhang unerlässlich. Im Idealfall wird auch die Elternvertretung an der Erstellung beteiligt. Das Schutzkonzept findet sich möglichst auf der Homepage sowie in Schriftform im Personalraum. Für Eltern sollte es auf Nachfrage erhältlich sein.

Mit der schriftlichen Erstellung des Gewaltschutzkonzeptes ist es aber bei Weitem nicht getan. Die gewaltfreie Haltung der Fachkräfte sollte sich zu jeder Zeit und in jeder „Pore" der Einrichtung wiederfinden. Als Orientierung für verletzendes Verhalten können pädagogische Fachkräfte Verhalten gegenüber Kindern **nach Ampelfarben gemeinsam einordnen:**

- Für „Grün" gilt: Dieses Verhalten ist immer in Ordnung.
- „Gelb" bedeutet: Dieses Verhalten ist nur in begründeten Ausnahmesituationen zulässig und muss dokumentiert und den Kolleg:innen kommuniziert werden.
- Bei „Rot" wird solches Verhalten eingeordnet, das unter allen Umständen verboten ist.

Im Team sollte es eine:n Kinderschutzbeauftragte:n geben, der/dem die Kooperationspartner im Falle von Kindeswohlgefährdung vor Ort bekannt sind. Diese sind zum Beispiel der Kinderschutzbund und der kommunale Sozialdienst (d.h. das Jugendamt).

Kinderschutz braucht stetige Reflexion.

Das Thema **„Kinderschutzkonzept" verliert niemals an Aktualität** und muss stetig reflektiert werden. Hierzu sollten regelmäßige Teamfortbildungen und Teambesprechungen stattfinden. Das Konzept wird jährlich im Team überprüft und bei Bedarf aktualisiert.

Vorbeugende Maßnahmen für verletzendes Verhalten in der Kita sind zunächst **räumliche Gegebenheiten,** wie zum Beispiel ein Sichtschutz im Wickelbereich. Insgesamt ist eine **fehlerfreundliche Atmosphäre** in der Einrichtung erstrebenswert, welche die Kinder, aber auch Fachkräfte und Eltern dazu einlädt, sich frei zu äußern, ohne Beschämungen fürchten zu müssen. Eine offene, wertschätzende und lebendige Kommunikation fördert den Gewaltschutz, indem

Kolleg:innen sich auf erste Anzeichen von möglichem Fehlverhalten aufmerksam machen können, ohne Verurteilung zu erfahren.

Eine fehlerfreundliche Atmosphäre fördert den Gewaltschutz.

Hier gilt das **Prinzip der „kritischen Freundin"**, die ein gleichermaßen kritisches wie wertschätzendes Feedback gibt. „Gegenseitige Unterstützung im pädagogischen Alltag reduziert übergriffiges Verhalten. Sich Fehlverhalten einzugestehen und Unterstützung einzufordern ist definitiv eine persönliche Stärke und zeugt von professionellem Verhalten. Den Vorfall unter den Teppich zu kehren wäre hingegen grob fahrlässig" (Hohmann 2022, S. 30).

Der Tagesablauf muss immer wieder kritisch betrachtet und gegebenenfalls verändert werden (siehe Seite 110ff.). Denn: „… unter Stress entstehen […] Situationen, in denen pädagogische Fachkräfte übergriffig handeln und gewaltvolle Handlungen eher als normal oder sogar notwendig empfunden werden" (Finger 2024, S. 91).

Beschwerdemanagement als aktiver Gewaltschutz

Seit 2012 sind **Beschwerdeverfahren für Kinder verpflichtend.** Es ist gar nicht so leicht zu verstehen, was man sich darunter vorstellen kann, gibt es hierfür doch zunächst keinen formalen Rahmen, wie man beim Begriff „Beschwerdemanagement" zunächst meinen könnte.

Beschwerdeverfahren für Kinder sind verpflichtend.

Ein funktionierendes Beschwerdemanagement für Kinder bedeutet, dass die Kinder **wissen, an wen sie sich mit Beschwerden wenden können.** Pädagogische Fachkräfte haben die Aufgabe, genau hinzuschauen und gegebenenfalls zu übersetzen, was ein Kind gerade braucht sowie die Beschwerde ernst zu nehmen und wertschätzend aufzugreifen. (vgl. Finger 2024, S. 53f.; Richter 2024). „Ein Kind, dessen ‚Nein' akzeptiert wird, macht die Erfahrung, dass seine Grenzen erkannt und geachtet werden. Es versteht, dass es in Ordnung ist, eigene Grenzen aufzuzeigen und sich zu wehren – auch engen Bezugspersonen gegenüber. Dies ist aktiver Kinderschutz und ein Teil des Beschwerdemanagements für Kinder" (Finger 2024, S. 50).

„Ein Kind, das sich wehrt und seine Grenzen verteidigt, beschwert sich“ (ebd.).

Vorurteile, Macht und Diskriminierung spielen hier keine unwesentliche Rolle: „Oft nehmen Erwachsene die Beschwerden junger Menschen nicht wahr oder sie verstehen nur die Beschwerden bestimmter Kinder“ (Richter 2024). Gelingt es wirklich, die Beschwerden aller Kinder zu erkennen?

„Eine Beschwerde der Kinder basiert auf einem Unwohlsein oder einer Unzufriedenheit, die auf ganz verschiedene Arten geäußert werden kann. Immer ist dabei das Kind in Not und darauf angewiesen, wahrgenommen zu werden“ (Finger 2024, S. 53).

Kindern, die sich (noch) nicht sprachlich ausdrücken können, sollte besondere Beachtung geschenkt werden, indem ihre **Signale feinfühlig wahrgenommen** werden (vgl. Finger 2024, S. 24).

Beschwerden aller Art müssen feinfühlig erfasst werden.

Bereits das Abwenden des Körpers, stiller Rückzug oder „Ich habe Bauchweh!“ kann eine Beschwerde sein (vgl. Richter 2024). **Symbole und Gefühlskarten** können hier eine Hilfe darstellen. Kinderkonferenzen oder der Morgenkreise als feste Bestandteile im Kita-Alltag, in denen ganz bewusst auch Zeiten für kindliche Beschwerden vorgesehen werden, können einen Rahmen bieten, aber eben nicht die Sicherheit, hier alle Kinder zu erreichen.

Eine **gelebte Bildungspartnerschaft mit den Eltern** stellt ebenfalls eine Präventionsmaßnahme für den Kinderschutz dar (siehe auch Seite 165ff.). Sollten die Eltern Beschwerden haben, können sie sich an die Elternvertretung wenden, welche zunächst für ihre Belange zuständig ist. Aber auch ein „Meckerkasten“ und gegebenenfalls ein Beschwerdeformular sind gute Möglichkeiten, um elterliche Kritik aufzugreifen und ein **Signal des Ernstnehmens** zu senden. Nach Erstellung des Schutzkonzepts bietet sich ein Infoabend für alle Eltern an.

Allen Mitarbeiter:innen der Einrichtung, also auch dem technischen Personal, sollte das **Gewaltschutzkonzept bekannt sein;** sie kennen den Ablauf bei Verdacht auf Kindeswohlgefährdung innerhalb der Einrichtung und verständigen sich auf einen festgelegten Umgang mit Fehlverhalten von Kolleg:innen. Bei Neueinstellung einer/eines Mitarbeiter:in muss ein erweitertes Führungszeugnis vorgelegt werden und beim Einstellungsgespräch das Thema Gewaltschutz Erwähnung finden. Neue Kolleg:innen besuchen eine Fortbildung zum Thema.

Remsperger-Kehm, R. & Boll, A. (Hrsg.) (2024): Nein zu verletzendem Verhalten – feinfühligen Umgang stärken: kindergarten heute wissen kompakt. Freiburg: Herder.

nifbe (Hrsg.) (2023): Hör auf damit! Zwischen verletzendem und achtsamem Verhalten in der KiTa. Freiburg: Herder.

Prengel, A.; Heinzel, F.; Reitz, S. & Winkelhofer, U. (2023): Reckahner Reflexionen zur Ethik pädagogischer Beziehungen. 3. Aufl. Reckahn: Rochow-Edition. Online unter: https://paedagogische-beziehungen.eu/wp-content/uploads/2023/09/lay6-seiter_Reckahner_Reflxtionen2023-1.pdf.

Hohmann, K. (2022): Augenhöhe statt Strafen. Beziehungsstark in Kita, Krippe und Kindertagespflege. Freiburg: Herder.

Wedewardt, L. (2022): Wörterzauber statt Sprachgewalt. Achtsam sprechen in Kita, Krippe und Kindertagespflege. Freiburg: Herder.

Laewen, H.-J. & Andres, B. (2022): Gut aufgehoben in der Kita. Zur Praxis einer professionellen Ethik. Freiburg: Herder.

Maywald, J. (2019): Gewalt durch pädagogische Fachkräfte verhindern. Freiburg: Herder.

KiDs – Kinder vor Diskriminierung schützen! (ISTA/Fachstelle Kinderwelten) (Hrsg.); Backhaus, A. & Wolter, B. (2019): Wenn Diskriminierung nicht in den Kummerkasten passt. Eine Arbeitshilfe zur Einführung von diskriminierungssensiblen Beschwerdeverfahren in der Kita. Online unter: https://situationsansatz.de/wp-content/uploads/2020/07/Kids_Arbeitshilfe_webversion.pdf.

Kindeswohlgefährdung im häuslichen Umfeld

Im Gegensatz zum Gewaltschutz geht es bei der Einhaltung des Schutzauftrags nach Paragraf 8a SGB VIII um Kindeswohlgefährdung im häuslichen Bereich des Kindes, bei der ein anderer Verfahrensablauf vorgeschrieben ist.

Pädagogische Fachkräfte müssen für Kindeswohlgefährdung sensibel sein.

Zunächst ist es wichtig, dass **pädagogische Fachkräfte für dieses Thema sensibilisiert** sind und über einzuschlagende Wege in der Kita Bescheid wissen. Mindestens eine Fachkraft im Team sollte hier eine **Spezialqualifikation** haben und über die Inhalte des Schutzauftrags, das heißt, die Formen von Kindeswohlgefährdung (Vernachlässigung, körperliche Misshandlung, häusliche Gewalt, emotionale/psychische Gewalt) und deren gewichtige Anhaltspunkte informiert sein. In der Einrichtung muss es ein **festgelegtes Verfahren** geben, wie bei Gefährdungsverdacht vorgegangen wird. Zur Einschätzung werden einschlägige Instrumente genutzt (z.B. KiWo-Skala Kita, Herner Materialien, Wahrnehmungsbogen für den Kinderschutz) und die Fälle unter Berücksichtigung des Datenschutzes dokumentiert.

Im Gefährdungsverdacht sollten **Elterngespräche professionell vorbereitet** sowie zeitnah wertneutral und sensibel geführt werden. Gemeinsam mit den Eltern können zunächst konkrete Handlungsschritte vereinbart und schriftlich fixiert werden. Die Kita kann zwar Hilfsangebote machen, sollte aber **um ihre Grenzen wissen** und bei Bedarf an psychosoziale Fachdienste (Erziehungsberatung, Frühförderstelle, Spezialberatungsstellen) verweisen. Bei eindeutigen Fällen mit hoher Gefährdungseinschätzung muss die insoweit erfahrene Fachkraft zu Hilfe geholt bzw. das **Jugendamt direkt informiert** werden. Die/der Ansprechpartner:in sollte hier bereits im Vorhinein bekannt sein.

Beschwerdemanagement schützt Kinder vor Gewalt.

Die **Wichtigkeit eines funktionierenden Beschwerdemanagements** für Kinder wird hier besonders deutlich. Die Kinder sollten wissen, dass sie sich jederzeit mit ihren Sorgen, Ängsten und ihrem Unwillen an die pädagogischen Fachkräfte wenden können. Letztere müssen die Äußerungen der Kinder ernstnehmen und ihnen nachgehen.

Maywald, J. (2019): Kindeswohl in der Kita. Leitfaden für die pädagogische Praxis. Freiburg: Herder.

Resilienz und Selbstvertrauen

Resilienz ist nicht angeboren. Vielmehr ist sie „ein dynamischer Anpassungs- und Entwicklungsprozess" (Wustmann 2016, S. 28), der von Bezugspersonen in der Familie und den pädagogischen Fachkräften begleitet wird (vgl. Rönnau-Böse & Fröhlich-Gildhoff 2020, S. 13).

Resilienz bezeichnet „die Fähigkeit, auf Anforderungen flexibel zu reagieren und auch stressreiche, frustrierende oder anderweitig schwierige Lebenssituationen zu meistern" (Maywald 2019, S. 23).

Insofern ist **Resilienzförderung** als ein **entscheidender Bildungsauftrag** für pädagogische Fachkräfte zu sehen, dem höchste Aufmerksamkeit geschenkt werden sollte.

Resilienzförderung ist eine wesentliche Aufgabe pädagogischer Fachkräfte.

In den meisten Bildungsplänen wird er bereits explizit benannt (vgl. Rönnau-Böse & Fröhlich-Gildhoff 2020, S. 9).

Kinder entwickeln ab der Geburt ein **Bild über sich selbst.** Sie lernen schon früh, wer sie sind, was sie bewirken und **welchen Wert** sie sich selbst geben können. „Je nachdem, wie mit Kindern gesprochen wird, wie stark sie mit ihren Gefühlen gesehen werden, wie ihre Bedürfnisse erfüllt werden, bilden sie ein positives oder negatives Bild von sich selbst aus" (Wedewardt & Hohmann 2021, S. 25). Ein positives Bild führt dazu, dass sie eine „stabile und gesunde Psyche aufbauen [können], die sie ein Leben lang trägt" (ebd.). Auch hier ist von entscheidender Bedeutung, ob Fachkräfte eine vorurteilsbewusste Haltung vermitteln.

Ein **positiver Selbstwert** wird neben sicheren Bindungsbeziehungen sowie Selbstwirksamkeitsüberzeugungen als **einer der wichtigsten Schutzfaktoren** benannt, der Kinder **vor Entwicklungsrisiken schützt** (vgl. Weltzien et al. 2016, S. 74f.; Wustmann 2004, S. 18).

Resilienz schützt Kinder vor Entwicklungsrisiken.

Nach Rönnau-Böse und Fröhlich-Gildhoff (2020, S. 19f.) können **sechs Resilienzfaktoren** identifiziert werden:

- Selbst- und Fremdwahrnehmung
- Selbststeuerung
- Selbstwirksamkeit
- Soziale Kompetenz
- Adaptive Bewältigungskompetenz
- Problemlösekompetenz

Die **unterschiedlichen Kompetenzen** sind dabei nicht unabhängig voneinander, **sondern bedingen und beeinflussen sich** gegenseitig (vgl. ebd., S. 20).

Grundsätzlich gilt es, einen **ressourcenorientierten Blick** zu entwickeln und ressourcenfördernde Strukturen innerhalb der Einrichtung regelmäßig zu überprüfen und abzusichern. Pädagogische Fachkräfte sollten darüber hinaus **Präventionsprogramme** kennen und nutzen (z.B. PRiK, „Handwerkszeug für Kinder").

Pädagogische Fachkräfte brauchen einen ressourcenorientierten Blick.

Selbst- und Fremdwahrnehmung

Die Selbstwahrnehmung der Kinder schulen pädagogische Fachkräfte, indem sie die Kinder auf ihre **Körperwahrnehmungen und Sinnesleistungen** aufmerksam machen (z.B. heiß, kalt, laut, leise, hell, dunkel, müde, ausgeruht, unruhig, hungrig, satt, schwitzen, frieren, gähnen). Ebenso können sie in Pflegesituationen die Körperteile der Kinder benennen und ihnen vermitteln, dass sie all ihre Körperteile selbst berühren dürfen.

Die Gefühle, Gedanken und Stimmungen der Kinder sollten einfühlsam erfasst, reflektiert und sprachlich begleitet werden: Wie fühlst du dich? Was überlegst du? Wie fühlt sich das andere Kind? Was hat es wohl gerade gedacht?

Die Möglichkeit der Perspektivenübernahme ist eine wichtige Voraussetzung für Empathiefähigkeit.

Pädagogische Fachkräfte helfen damit auch den Kindern, ihre **Affekte zu regulieren** und regen sie an, über **Konsequenzen des eigenen Handelns für andere** nachzudenken.

In den ersten drei Lebensjahren fühlen und denken Kinder allerdings **egozentrisch** (vgl. Wedewardt & Hohmann 2021, S. 32f.). Die **Perspektivenübernahme** entwickelt sich im Alter von vier bis fünf Jahren. Erst dann haben sie die Möglichkeit, sich in andere hineinzuversetzen (Theory of Mind) (vgl. Fonagy et al. 2004; Haug-Schnabel 2020, S. 84).

Pädagogische Fachkräfte sollten Kinder motivieren und darin unterstützen, über die **Interessen, Stärken und Fortschritte aller Kinder** nachzudenken. Die **Nähe-Distanz-Bedürfnisse** sind von Mensch zu Mensch unterschiedlich. Auf diese Unterschiede können die Kinder aufmerksam gemacht und zu einem achtsamen Umgang in unmittelbarer Nähe eines anderen Kindes oder dessen Aktivitätsbereich aufgefordert werden.

Selbstregulation

Kleine Kinder müssen erst lernen, ihre **eigenen Gefühle und die daraus entstehenden Erregungen wahrzunehmen** und zu verstehen. Dieser Entwicklungsprozess dauert einige Jahre. (vgl. Wedewardt & Hohmann 2021, S. 56). Die Kenntnis dieser Tatsache und das Wissen darum, dass Kinder in den ersten Jahren auf Bezugspersonen angewiesen sind, die durch **Ko-Regulation** das selbstständige Kontrollieren von Emotionen unterstützten, kann helfen, diesen Prozess zu begleiten. Auch wenn es nicht immer leicht ist, sollten Fachkräfte sich bemühen, **Kinder mit all ihren Gefühlen anzunehmen.** Andernfalls vermitteln sie den Kindern Botschaften wie „Das, was du fühlst, ist falsch!“ oder „So wie du bist, bist du nicht richtig!“, was sie für ihr Leben prägen kann (vgl. ebd., S. 57; Wedewardt 2022, S. 70).

Kindliches Weinen ist eine Aufforderung zur Ko-Regulation.

Auch Weinen, Trotzreaktionen und Beißen müssen als **Aufforderung zur Regulationshilfe** wahrgenommen werden. Denn „unterdrückte Gefühle kommen teuer zu stehen“ (Rosenberg 2016, S. 48): Sie sind häufig die Ursache für psychische Krankheiten (vgl. Lammers 2011, S. 7). Laut Wedewardt und Hohmann (2021, S. 55) sollte deshalb die emotionale Ebene viel mehr in den Fokus pädagogischer Interaktionen rücken; viel zu oft liegt der Schwerpunkt noch immer auf der Verhaltensebene.

Rituale zum Umgang mit Stresssituationen und eingeführte Abwehr- und Stoppsignale können bei der Distanz- und Stressregulation helfen. Der kindliche Umgang mit Gefühlen und **Stresssituationen** hängt wesentlich davon ab, ob pädagogische Fachkräfte selbst dazu in der Lage sind, **in solchen Situationen handlungsfähig zu bleiben.** Dies wird durch ihre eigene Biografie, ihren Bindungsstatus und ihre Reflexionskompetenz beeinflusst (vgl. Wedewardt & Hohmann 2021, S. 20f.). Dabei sind viele Stresssituationen „hausgemacht" und können durch Umstrukturierungen vermieden werden (siehe Seite 77, 111).

Selbstwirksamkeit

Selbstwirksamkeit ist ein menschliches Bedürfnis (vgl. Wedewardt & Hohmann 2021, S. 53). Erfahren Kinder, dass sie etwas bewirken oder verändern können, entwickeln sie **Zutrauen in ihre eigenen Fähigkeiten.** Verstärkt wird das, indem sie Verantwortung übertragen bekommen, ihre Anstrengungsbereitschaft wahrgenommen und rückgespiegelt wird.

Ein **übersichtliches Angebot** und der **freie Zugang zu Materialien und Räumen** fördern die Selbstständigkeit und damit die Gewissheit, dass sie ihre Welt selbst erkunden und entdecken können. Pädagogische Fachkräfte fungieren in diesem Sinne lediglich als Assistent.innen. Dabei lassen sie die kindlichen Lösungsversuche zu und vermeiden vorschnelle Hilfeleistungen. Auch ein verantwortungsbewusster Umgang mit Risiken trägt zur Selbstwirksamkeitserfahrung der Kinder bei:

Exkurs: Risikokompetenz bei Kindern fördern

Dem Erwerb von Risikokompetenz wird mittlerweile eine große Bedeutung beigemessen. Es ist auch von „Risikopädagogik" oder „Risky play" die Rede. Dem geht die Überzeugung voraus, dass Kinder Gefahren und die eigene Leistungsfähigkeit einschätzen lernen müssen. Dies geht nur, wenn überschaubare Risiken vorhanden sind (Risikodosierung statt Risikominimierung, vgl. DGUV 2008).

Es gilt der Grundsatz: Kinder haben ein Recht auf blaue Flecken und sogenannte „Kompetenzschrammen“ (Jensen 2019) und „kontrolliertes Scheitern“.

Durch „Risky Play“ lernen Kinder „ihren Körper, ihre Psyche und ihren Umgang mit der eigenen Angst besser kennen“ (Bensel 2023, S. 1). Hierfür ist wichtig, dass pädagogische Fachkräfte sich bewusst mit ihren Ängsten und der eigenen Risikobereitschaft reflexiv auseinandersetzen. Denn diese Gefühle sind höchst individuell und durch eigene Erfahrungen geprägt. In riskanten Situationen ist es wichtig, darauf zu achten, ermutigende statt ängstigende Botschaften auszusenden. Statt „Achtung, du stolperst gleich!“ kann es heißen: „Achtung, lockere Steine, konzentriere dich, du schaffst das!“ Es ist sinnvoll, Eltern in diesem Zusammenhang über das Thema und die Haltung der Kita zu informieren. Dies ist zum Beispiel an Elternabenden oder über die Bildungs- und Lerngeschichten (siehe Seite 81), Sprechende Wände, Informationsschreiben und die Konzeption möglich. Auch Aktionstage bieten sich an, indem in der Kita „Risky Play-Aktionen“ angeboten werden, zum Beispiel gemeinsam mit echtem Werkzeug arbeiten, auf Seilgärten balancieren oder auf Bäume klettern.

Zumutbare Risiken im Kita-Alltag

- Herausfordernde Höhenunterschiede im Außengelände und im Gebäude
- Kletterbäume
- Spielbereiche am Hang, gegebenenfalls mit Seilen
- Boulderbereiche (bis 2m Höhe) und Kletterwände (>2m Höhe mit Klettergurt und Sicherheitsseil)
- Ausflüge in die „Wildnis“
- Schaukeln im Stehen
- Rutschen auf dem Bauch, „rückwärts“
- Slacklines, Seilgärten
- Fahrzeug-Rampe

- Fahr- und Rennstrecken für Fahrzeuge
- Umgang mit echten Werkzeugen
- Umgang mit Feuer lernen
- Beaufsichtigtes Spiel an Gewässern (Ü3!)
- Raufen und Balgen mit Regeln erlauben
- Unbeaufsichtigte Zonen und Zeiten für Ü3-Kinder (bis zu 30 Minuten)

Zu einer verantwortungsbewussten Risikopädagogik gehört es natürlich, dass sich die pädagogischen Fachkräfte stets zu **aktuellen Sicherheitsaspekten** informieren. Hierzu gehören:

- Kenntnis der GUV- und TÜV-Empfehlungen
- Spielgerätenormen beachten
- Aufsichtspflicht und Verkehrssicherungspflicht beachten (z.B. kleine Teiche für unter Dreijährige unzugänglich machen; lückenlose Aufsicht über ein Planschbecken im Garten oder eine Duschwanne, dabei sollte die Wassertiefe 20 cm nicht überschreiten)
- Gut bekletterbare Bäume für die Kindern kenntlich machen, maximale Kletterhöhe (2m) mit Banderole sichtbar machen
- Verhaltensregeln im Wald kennen und vermitteln
- Überzogene Auflagen vonseiten des Trägers oder anderer Stelle pädagogisch begründet zurückweisen (z.B. Absägen unterer Äste, damit Kinder erst gar nicht auf einen Baum klettern können)
- Relevante Sicherheitsaspekte in der pädagogischen Konzeption benennen
  (vgl. Bensel 2023)

Soziale Kompetenz

Konflikte sind in der Kita an der Tagesordnung – und das ist auch gut so, denn werden diese von den Fachkräften achtsam begleitet, **bieten** sie die **Chance auf soziales Lernen.**

Konflikte sind Lerngelegenheiten.

Dabei gilt es, die **individuelle Konfliktfähigkeit und Bewältigungskompetenz** der Kinder zu berücksichtigen und gegebenenfalls „Übersetzungshilfe" zu leisten für Kinder, die sich (noch) nicht für andere verständlich ausdrücken können. Gerade wenn Kinder aufgrund eines Merkmals ihrer Identität in Konflikte geraten, brauchen sie die Unterstützung und den Schutz pädagogischer Fachkräfte (vgl. Richter 2022, S. 79).

Viele Konflikte können aber auch **von den Kindern selbst gelöst** werden – hierfür braucht es die aufmerksame Beobachtung der Erwachsenen. „Es stellt einen großen Unterschied dar, ob […] Bezugspersonen Konflikte vorschnell beenden und emotionales Agieren als negativ ansehen oder ob mit Gelassenheit gehandelt wird" (Weltzien et al. 2016, S. 39). Kinder lernen durch Konflikte soziale **Werte und andere Sichtweisen** kennen. Sie üben somit den Perspektivwechsel (siehe Seite 134) und lernen, sich kooperativ, hilfsbereit und konstruktiv zu verhalten (vgl. Hohmann 2021, S. 174). „Sie spüren ihre Selbstwirksamkeit und zeigen eigene Grenzen auf. Insofern sind Konflikte ‚Quality time' in Reinform. In gut begleiteten Konflikten lernen und erfahren Kinder mehr als in allen anderen Situationen des Kita-Alltags" (Hohmann 2022, S. 41).

Das Erlernen sozialer Kompetenzen wird durch **klare Strukturen, Routinen und Regeln** in der Kindergruppe erleichtert.

Strukturen, Regeln und Routinen geben Handlungssicherheit.

Kinder erhalten durch diese Struktur Handlungssicherheit. Selbstverständlich müssen die Strukturen stetig reflektiert und angepasst werden (Stichwort: Strukturflexibilität, siehe Seite 110). Grundsätzlich sollte ein **wertschätzendes Klima** für das einzelne Kind sowie die zusammen agierende Kindergruppe herrschen.

Pädagogische Fachkräfte fördern die Perspektivenübernahme und Empathie durch **Erklärungshilfe**:

- Wie fühlt sich das andere Kind?
- Was geht in ihm vor?
- Was denkt es? Was glaubt es?
- Was versteht es nicht?
- Was möchte es?
- Was befürchtet es?
- Was kann es gar nicht wissen?

So werden Kinder dabei unterstützt, eigene Wünsche und Bedürfnisse in angemessener Weise durchzusetzen und gemeinsame Erfolgserlebnisse in der Gruppe zu erleben.

Bewältigungs- und Problemlösekompetenz

Grundlage für das Erlernen von Bewältigungs- und Problemlösekompetenz ist eine **anregend gestaltete Umgebung**, in der jedes Kind die Möglichkeit hat, ausgehend von seinem Entwicklungsstand seine **Strategien und Fähigkeiten weiterzuentwickeln** (siehe auch Seite 70ff., 94). Das Kind steht täglich mehrmals vor „Problemen", die es zu bewältigen gilt: Welches Kleidungsstück ziehe ich als erstes an? Was brauche ich, um im Gruppenraum zu frühstücken? Was muss ich tun, um einen Turm möglichst hoch zu bauen?

Kinder lösen täglich etliche „Probleme".

Etwas komplexer wird es, wenn Kinder anfangen, Planungen anzustellen und in Alltagsprozesse und -entscheidungen einbezogen werden: Was soll auf das Fastnachtsbuffet? Was benötigen wir für die Zubereitung? Wo bekommen wir die Zutaten her? Die pädagogischen Fachkräfte können die Kinder unterstützten, indem sie **die einzelnen Problemlöseschritte auf kognitiver Ebene nachvollziehbar** und somit wiedereinsetzbar machen, Zwischenziele beim gemeinsamen Nachdenken (siehe Seite 91) formulieren und die Kinder bei der Suche nach Zusatzinformationen begleiten. Ein **Erfolgsweg** sollte **feinfühlig rückgespiegelt** werden. Gleichzeitig sind die pädagogischen

Fachkräfte **Modelle für konstruktives Problemverhalten** (vgl. Rönnau-Böse & Fröhlich-Gildhoff 2020, S. 53). Bilderbücher und Geschichten, in denen die Hauptfigur ein Problem löst, regen ebenfalls zum Nachdenken und -ahmen an.

Wilmes-Mielenhausen, B. (2024): Resilienz erleben in der Kita. Freiburg: Herder.

Rönnau-Böse, M. & Fröhlich-Gildhoff, K. (2020): Resilienz im Kita-Alltag. Was Kinder stark und widerstandsfähig macht. 3. Aufl. Freiburg: Herder.

14.

Haltung, Wertevermittlung und Partizipation

Alles, was eine Fachkraft tut, basiert auf ihrer Haltung. Diese bestimmt ihre Einstellung zu sich selbst und zu anderen. Der Begriff „Haltung" ist zunächst neutral, er ist weder positiv noch negativ (vgl. Wedewardt & Cantzler 2022, S. 30). Stetige Selbstreflexion ist unerlässlich, um eine entwicklungsförderliche und bedürfnisorientierte Haltung (weiter) zu entwickeln (vgl. ebd., S. 32).

Haltung und Wertevermittlung

Jeder Mensch ist durch Werte und Normen beeinflusst. Pädagogische Fachkräfte geben diese an die Kinder weiter. Deshalb ist es essenziell, sich mit den eigenen Werten auseinanderzusetzen (vgl. ebd., S. 41).

Wie bereits im Kapitel zu Beziehung und Interaktion (siehe Seite 70ff.) angedeutet, ist eine **wertschätzende, bedürfnisorientierte, partizipative und diversitätsbewusste Haltung** pädagogischer Fachkräfte die Grundlage für gelingende Prozesse in der Kita. Das zeigt sich bereits durch eine **zugewandte, freundliche und offene Körperhaltung.** Pädagogische Fachkräfte sollten **Interesse** an den individuellen Bedingungen und Lebenssituationen jedes Kindes haben (siehe auch Seite 152ff.). Es geht um die **grundsätzliche Akzeptanz jedes Kindes** – auch in schwierigen Situationen und Entwicklungsphasen. Erwachsene sind Vorbilder für die Kinder. Eine **„neue Autorität"** sieht vor, dass Erwachsene **für sich selbst einstehen,** indem sie Grenzen setzen und sich mit einer **inneren Klarheit** zeigen. Grenzsetzungen sind eine unabdingbare Voraussetzung für ein gelingendes Miteinander. Indem pädagogische Fachkräfte Grenzen setzen, geben sie Kindern Orientierung, Sicherheit und Halt (vgl. Sasse 2023, S. 59).

> „Kinder brauchen [...] keine Grenzen, sondern Menschen, die eigene Grenzen haben und diese klar, deutlich und liebevoll kommunizieren" (Wedewardt & Hohmann 2021, S. 103).

Die eigene Macht auszunutzen, indem Erwachsene sich mit Strafen, Drohungen und Manipulation durchsetzen, ist **adultistisch** und sollte längst überholt sein.

Den Kindern sollte im wahrsten Sinne des Wortes **auf Augenhöhe** begegnet, ihre Äußerungen ernstgenommen und ihre Entscheidungen – auch über körperliche Nähe und Distanz – respektiert werden.

Kindern auf Augenhöhe begegnen!

Die Werte der Bedürfnisorientierung

- Gleichwürdigkeit
- Verbindung
- Selbstbestimmung
- Mitbestimmung
- Dialog
- Respekt
- Mitgefühl
- Integrität
- Authentizität
- Verantwortung

(vgl. Wedewardt & Hohmann 2021, S. 107)

Es lohnt sich, zu überlegen, welche Werte das Kita-Team vertritt und welche es den Kindern für ihr Leben mitgeben möchte. Diese **Werte müssen in einzelnen Situationen immer wieder reflektiert werden.** Idealerweise sollten hier im Team **Leitlinien für die pädagogische Arbeit** entwickelt werden. In großen Teilen finden sich diese Überlegungen auch im obligatorischen Gewaltschutzkonzept der Kita (siehe Seite 124ff.).

Überprüfung auf Gerechtigkeit!

Sind wir als Erwachsene bereit, unsere eigenen Entscheidungen auf das **Kriterium der Gerechtigkeit** hin zu reflektieren, ist bereits ein großer Schritt in Richtung Partizipation (siehe Seite 146ff.) getan. Dabei sollte einem auch die **Bevorzugung einzelner Kinder** bewusst werden. Die Kinder können ebenfalls bereits **für Gerechtigkeit sensibilisiert** werden, indem Gerechtigkeit und Ungerechtigkeiten, die Erwachsene und Kinder betreffen, sowie deren Konsequenzen in konkreten Alltagssituationen in der Kindergruppe besprochen werden (siehe Seite 128ff.).

Indem Regelungen geschaffen werden, die das Eigentum und die Spielbereiche der Kinder schützen, und indem pädagogische Fachkräfte einen sorgsamen Umgang mit Ausstattung und Materialien sowie den persönlichen Gegenständen und Werken der Kinder vorleben, geben sie diese achtsame Haltung an die Kinder weiter.

Kinder merken schnell, ob Erwachsene ihnen **vertrauen und etwas zutrauen.** Den Kindern Selbstständigkeit zu ermöglichen, fördert ihre Selbstwirksamkeit (siehe Seite 135ff.). Wichtig ist, dass den kindlichen Zusagen und Versprechen Vertrauen entgegengebracht wird und **Absprachen** auf beiden Seiten **eingehalten werden.**

Bildung für nachhaltige Entwicklung (BNE)

Beim Thema „Haltung und Wertevermittlung" darf auch der **achtsame Umgang mit der Natur** nicht fehlen. „BNE", also die Bildung für nachhaltige Entwicklung, findet inzwischen Beachtung in den Bildungsplänen der Länder. Hierfür ist es zunächst wichtig, dass der Träger das Thema in seiner **Trägerkonzeption verankert** sowie Beratungen und Weiterbildungen dazu anbietet. So werden pädagogische Fachkräfte im bewussten Umgang mit BNE geschult und können sie für die Kinder erfahrbar machen.

Bildung für nachhaltige Entwicklung muss für Kinder erfahrbar gemacht werden.

Die Möglichkeiten, sich als Kita(-Träger) für nachhaltige Entwicklung einzusetzen, sind vielfältig. Es fängt damit an, dass sich die Einrichtung auf den Weg zu einer **„fairen"** (vgl. Geisler 2020) und **plastikfreien Kita** (vgl. Miklitz 2020) macht. In der gesamten Einrichtung sollte konsequent auf Mülltrennung, Verpackungsminimierung und Wiederverwendbarkeit geachtet werden. Die räumliche Gestaltung der Kita wird entsprechend nachhaltiger Kriterien angepasst. Wünschenswert wäre, dass die Einrichtung **Materialien oder Handreichungen zum Thema** auslegt oder in der Presse und den sozialen Medien öffentlich teilt.

Die Kinder spüren so bereits einen nachhaltigen Wind und können auf dieser Grundlage **Kompetenzen erlangen,** die sie – später, aber auch schon im Hier und Jetzt – im Sinne der Nachhaltigkeit entscheiden und handeln lassen. In der Kita sollten Erlebnisräume **erfahrungsorientiertes und ganzheitliches Lernen** fördern.

Möglichkeiten zu erfahrungsorientiertem und ganzheitlichem Lernen

- Spielen in einem Kaufladen
- Miterleben aller Produktionsschritte, vom Weizen säen bis zum Verzehren des Brotes
- Besuch in einer Backstube
- Kochen in der Kinderküche
- Pflege eines Hochbeets
- Tierpflege
- Einrichten von Nistkästen
- Tauschmarkt
- Reparaturwerkstatt

Brodowski, M. (2022): BNE in der Kita. Bildung für Nachhaltige Entwicklung in Theorie und Praxis. Freiburg: Herder.

Wirnsberger, K. (2022): Prima Klima von Anfang an. Kitas for Future. Freiburg: Herder.

Miklitz, I. (2020): Nachhaltigkeit mit Kindern leben. Impulse für eine wertebasierte Pädagogik in der Kita. Freiburg: Herder.

Partizipation

Bereits im Kapitel „Haltung und Wertevermittlung“ nimmt das Thema „Partizipation“ einen herausragenden Stellenwert ein. Der Begriff ist in der Frühpädagogik omnipräsent. Gleichzeitig ist die **Umsetzung im Alltag** so **unterschiedlich** wie die Institutionen selbst.

Kinder haben ein Recht auf Beteiligung.

Kinder haben laut Artikel 12 der UN-Kinderrechtskonvention ein **Recht auf Beteiligung** (vgl. Unicef 2022, S. 17). Partizipation kann aber nur dort gelebt werden, wo pädagogische Fachkräfte mit einer offenen und fragenden Haltung die Teilhabe aller Kinder in allen Bereichen des Kita-Alltags zulassen (siehe auch Seite 152ff.). Diese Haltung ist Voraussetzung für viele der bereits vorgestellten Qualitätskriterien und untermauert bestenfalls **alle Bereichen des pädagogischen Handelns.**

„Es sollte selbstverständlich werden, die Rechte der Kinder in der pädagogischen Arbeit zu berücksichtigen und immer wieder zu reflektieren, was zu tun ist, um ihnen gerecht zu werden. Nicht nur das Recht auf Partizipation ist notwendig, sondern ein grundsätzliches Verständnis, dass Kinder junge Menschen mit eigenen Lebenserfahrungen und eigenen Wegen sind“ (Finger 2024, S. 104). Nur wenn Kinder echte Partizipation erfahren, entwickeln sie **Selbstwirksamkeit und ein gesundes Selbstvertrauen** (vgl. Schubert-Suffrian & Regner 2021, S. 16f.) (siehe Seite 135ff.). Partizipation befördert also Resilienz.

Partizipation fördert Resilienz.

Das Ziel von Partizipation ist Mündigkeit (vgl. Hansen et al. 2015, S. 84). Ein Mensch, der mündig ist, hat gelernt, **selbstständig und unabhängig von anderen sozial zu handeln** (vgl. Finger 2024, S. 42). Laut Schubert-Suffrian und Regner (2021, S. 15) **brauchen Kinder in ihrem späteren Leben**

- die Fähigkeit, lebenslang selbstständig zu lernen und das Gelernte umzusetzen,
- die Fähigkeit, richtige Informationen von falschen unterscheiden zu können,
- die Fähigkeit, die eigenen Bedürfnisse zu kennen,

- die Fähigkeit und Bereitschaft, Verantwortung zu übernehmen,
- Kommunikationsfähigkeiten,
- lösungsorientiertes Handeln,
- die innere Überzeugung, etwas bewegen zu können, und
- die Fähigkeiten zur Konfliktlösung.

Exkurs: Die Kita aus Kindersicht

„Um Partizipation tatsächlich leben und umsetzen zu können, müssen wir anfangen, mehr **vom Kind aus zu denken.**
Bestimmt würden Kinder manche Kitas anders bauen und gestalten.
Es wären Orte, an denen viel gelacht, getobt und gespielt wird.
Ganz sicher wären es Orte, an denen ohne jede Frage jeder Mensch willkommen ist.
Es wäre viel Platz zum Malen, Experimentieren und Ausprobieren, und die Bedürfnisse würden vor dem Plan stehen."
(Finger 2024, S. 104)

Konkret bedeutet Partizipation, die Kinder **in Entscheidungsprozesse einzubeziehen**, dabei die **Meinungen und Vorschläge aller Kinder ernst zu nehmen** und wertzuschätzen. Die Kinder müssen darin unterstützt werden, ihre Anliegen zu beschreiben und Umsetzungsmöglichkeiten auszuhandeln. Kinder, die sich (noch) nicht mit Sprache äußern können, brauchen „Übersetzungshilfe" durch die pädagogischen Fachkräfte. Grundsätzlich gilt das leitende **Prinzip der Freiwilligkeit.** Untrennbar mit Partizipation verbunden ist das Thema Inklusion. Den Kindern muss stets vermittelt werden: „Du bist hier wichtig. Wir brauchen deine Gedanken, Ideen und Meinungen, um gemeinsam besser entscheiden zu können" (ISTA/Fachstelle Kinderwelten 2016b, S. 69). Pädagogische Fachkräfte dürfen immer wieder die Prüffrage stellen: „Sind wirklich alle Kinder und Erwachsenen beteiligt?" (ebd.).

Es gilt das leitende Prinzip der Freiwilligkeit.

Die Kinder können zwar an ihre bereits getroffenen Entscheidungen erinnert werden, sie dürfen sie aber auch revidieren! Die **Kinder entscheiden selbst** über Projektthemen und die Teilnahme an den Aktionen, sie wählen ihre Spielthemen, -partner, -orte und -zeiten selbst. Dazu gehört auch der Morgenkreis (siehe Seite 111f.)! Die Mithilfe bei der Erstellung des Speiseplans und der Anschaffung von Materialien liegt ebenfalls im möglichen Entscheidungsspielraum der Kinder.

Zu Partizipation gehört auch, dass **Regeln zusammen mit den Kindern erarbeitet und etabliert** werden. Gemeinsam mit ihnen kann überlegt werden, warum und wozu Regeln wichtig sind.

Regeln werden zusammen mit den Kindern entwickelt.

Dabei sollte stets überprüft werden, ob die vereinbarten Regeln für alle Beteiligten notwendig und gerecht sind oder ob auch **situativ angemessene Ausnahmen** möglich sind (siehe Seite 110, 143f.). Die **Kontrolle der Regeln** kann – wenn sie gemeinsam mit den Kindern erstellt werden – möglichst den Kindern bzw. einem sogenannten **Kindergericht** überlassen werden.

Überprüfung von Regeln unter adultistischen Gesichtspunkten

- Wird die Regel genutzt, um Diskussionen zu umgehen und es selbst einfacher zu haben?
- Dient die Regel dazu, um gegenüber dem Kind Macht zu demonstrieren?
- Gerät das Kind durch die Regel in eine Machtlosigkeit?
- Ist die Regel wirklich dazu da, das Kind zu schützen?

(vgl. Ritz 2008, S. 133f.)

Erinnert die Fachkraft an vereinbarte Regeln, wird sie diese **in entwicklungsangemessener Weise** wiederholen. Äußern die Kinder **Unmut oder Protest** angesichts bestimmter Regeln, sollten Fachkräfte Verständnis signalisieren. Die

Kinder in der Kita können sich auf Stopp-Signale und verständliche Symbole einigen, die sie entwicklungsangemessen an die Regeln erinnern (z.B. auf einem großen Plakat mit Bildern, Fotos).

Beschwerdemanagement ist Teil der Partizipation.

Neben Beschwerden (siehe Seite 128ff.) sollten Kinder genauso die Möglichkeit haben, **eigene Ideen oder andere Anliegen** (eigenes Befinden, Kritik, Lob) vorzubringen, die **stets ernstgenommen und aufgegriffen** werden sollten. Kleinstkinder äußern ihre „Beschwerden" durch Feinzeichen, welche von den Fachkräften achtsam beobachtet und beantwortet werden müssen (siehe Seite 72). In einer Einrichtung, in der eine partizipative Haltung gelebt wird, ist den Kindern anzumerken, dass sie ihre **Rechte und Beschwerdewege** kennen. Auch den Eltern sollten die Beteiligungsformen der Kinder nahegebracht werden.

Aber nicht nur bei Entscheidungen und Regeln schlägt sich Partizipation nieder. Die Kinder sollten auch in **Gestaltungsprozesse** innerhalb der Einrichtung einbezogen werden.

Kinder werden in Gestaltungsprozesse einbezogen.

So können sie an der **Umgestaltung von Funktionsbereichen und des Außengeländes,** der Neugestaltung des Flurs oder beim Einrichten eines Kinderrestaurants beteiligt werden. **Bewegliche Möbel sowie die freie Zugänglichkeit von Räumen und Materialien** für die meiste Zeit des Tages fördern die Selbstwirksamkeit der Kinder (siehe Seite 16ff., 100f.). Auch können die Kinder an **der Gestaltung des Übergangsprozederes,** zum Beispiel beim Wechsel in die Grundschule, beteiligt werden (siehe Übergänge, Seite 76ff.). Im Sinne einer „partizipativen Organisationsentwicklung" können die Kinder zu Wohlfühlorten und ihren **Veränderungswünschen** befragt werden.

Den Tagesablauf kritisch reflektieren

Der Tagesablauf von Kindern ist zumeist gefüllt von und strukturiert durch Anweisungen und Aufgaben, die Erwachsene an sie richten. Es lohnt sich, diese kritisch zu prüfen, indem Fachkräfte einmal die Rollen mit den Kindern tauschen.

Vielleicht werden sie zu vielen Aktivitäten und Spielen aufgefordert. In dem Fall müssen sie sich an die Regeln halten und den Anweisungen der Kinder folgen. Vielleicht müssen die Fachkräfte auch essen, obwohl sie keinen Hunger haben, oder dürfen nicht essen, auch wenn sie gerade hungrig sind. Vielleicht ist eine Fachkraft sehr müde, aber es gibt keine Zeit und keinen Ort, um sich auszuruhen oder zu schlafen. Möglicherweise bemerken die Erwachsenen, wie anstrengend es ist, ausschließlich den Vorgaben anderer Personen zu folgen.

Vielleicht werden es aber auch die schönsten Stunden ihres Tages, weil die Kinder sie beteiligen, sie fragen, worauf sie Lust haben, sie ernst nehmen, wenn sie sagen, dass sie etwas nicht möchten, sie nach ihren Ideen fragen, die Kinder die Anforderungen an sie begründen, ihnen zuhören, wenn sie erzählen, warum sie etwas nicht möchten oder wie es ihnen gerade geht, und warten, wenn sie noch etwas Zeit brauchen.
(vgl. Richter 2024)

Vermeintlich banal, im Alltag aber oft tückisch ist das **Einbeziehen aller Kinder in alltägliche Abläufe** entsprechend ihren Möglichkeiten. Wie bereits erwähnt (siehe Seite 118f.) können die Kinder in **Pflegesituationen** einbezogen werden, indem sie den Wickeltisch über eine Treppe selbst erreichen oder beim Öffnen der Hose, beim Eincremen und beim Schließen der Windel helfen.

Kinder sollten in das tägliche Geschehen einbezogen werden.

Bei den **Mahlzeiten** fördert ein Frühstücksbuffet die Selbstständigkeit und Wahlfreiheit. Aber bereits selbst einsetzbares Geschirr und Besteck (z.B. leichte und transparente Wasserkrüge, sodass Kinder sich selbst einschenken können) und das **Helfen bei der Zubereitung von Speisen** leisten einen Beitrag zur Partizipation. Das Erstellen einer Zutatenliste, der Einkauf von Lebensmitteln, den Tisch abdecken und wischen oder den Boden fegen macht den meisten Kindern Spaß (siehe Seite 115ff.).

Muss etwas in eine andere Gruppe gebracht werden, erklären sich meist viele Kinder hilfsbereit, genauso verhält es sich, wenn den jüngeren Kindern beim Anziehen geholfen werden muss (siehe Seite 161ff.). In manchen **Kinderbüros** nehmen die Kinder an einem Schreibtisch Telefonate entgegen, besprechen den Anrufbeantworter oder frankieren Briefe.

Finger, F. (2024): Selbst aktiv statt fremd bestimmt. Gelingende Partizipation in Kita, Krippe und Kindertagespflege. Freiburg: Herder.

Schubert-Suffrian, F. & Regner, M. (2021): Partizipation in der Kita. 2. Aufl. Freiburg: Herder.

Wedewardt, L. & Hohmann, K. (2021): Kinder achtsam und bedürfnisorientiert begleiten in Kita, Krippe und Kindertagespflege. Freiburg: Herder.

15.

Diversitätsorientierte Inklusion

Vorurteile und Diskriminierung sind für junge Kinder an der Tagesordnung – auch in der Kita. Oft sind sich pädagogische Fachkräfte dessen gar nicht bewusst. Umso wichtiger ist es, **„die Vielfalt der Welt diversitätsbewusst und diskriminierungskritisch“** (Richter 2022, S. 7) zu betrachten, um Ausgrenzung und Benachteiligung zu vermeiden.

Diskriminierungen finden statt aufgrund von **Identitätsmerkmalen** wie

- Alter,
- Herkunft,
- Geschlechtsidentität,
- sexuelle Orientierung,
- Hautton,
- sozio-ökonomischer Status,
- Familienkonstellation,
- Behinderung,
- Körperform,
- Alter,
- Sprachen oder
- Religion.

(nach Richter 2022, S. 7)

Nachdem die **Folgen von Ausgrenzung** auf Wohlbefinden, Teilhabe und Bildung gravierend sind, sollten sich Kita-Teams ganz bewusst mit dem Thema befassen (vgl. Richter 2022, S. 7).

Diskriminierung ist Gewalt und gefährdet das Kindeswohl (vgl. Richter 2024).

Vorurteile und Diskriminierung wirken jeden Tag – überall. Eine inklusive Kita-Praxis verlangt das **kontinuierliche Wahrnehmen von Ungleichheitsverhältnissen** und den Entschluss, diesen aktiv entgegenzutreten. Nur so kann Diskriminierung verhindert, **mehr Gerechtigkeit** und damit **wahre Teilhabe** erzeugt werden (vgl. ebd.).

Wahre Teilhabe geht nur in Abwesenheit jeglicher Diskriminierung.

Eine Form von Diskriminierung ist **Adultismus,** der sich in Regeln, Normen, Abläufen, Räumlichkeiten, Sprache etc. zeigt (vgl. ebd.).

Adultismus benennt das vorhandene Machtgefälle zwischen Erwachsenen und Kindern, innerhalb dessen Erwachsene ihre Macht zu ihrem Vorteil nutzen (vgl. Liebel 2020, S. 22).

Eine bewusste **partizipative Haltung macht Adultismus unmöglich** (siehe auch Seite 146ff.). Hier ist genaues Hinschauen gefragt!

Wir alle haben Vorurteile, wir lernen sie von klein auf.

Alle Menschen haben Vorurteile.

„Die Frage ist, ob wir sie erkennen (wollen) und wie wir damit umgehen" (Richter 2024). Sie wieder abzubauen, braucht konstante Aufmerksamkeit und (Ver-)Lernbereitschaft (vgl. ebd.). Hierzu ist es zunächst wichtig, dass pädagogische Fachkräfte **Kenntnisse über Diversität** haben, indem sie zum Beispiel **themenspezifische Fortbildungen** oder Coachings zur reflektierten Auseinandersetzung nutzen. „Die Entwicklung einer inklusiven, diskriminierungskritischen Haltung benötigt kontinuierlichen Austausch, Auseinandersetzung, Perspektivenvielfalt, Selbst- und Praxisreflexion" (ebd.).

In Teamsitzungen muss die **eigene Biografie** im Hinblick auf eigene Erfahrungen mit Diversität diskutiert und die eigene Haltung gegenüber Diversität diskriminierungskritisch und vorurteilsbewusst reflektiert werden. Es bietet sich an, eine:n Spezialist:in in der Einrichtung zu benennen, der/die gerechte, gleichwertige (aber nicht gleichartige) und gemeinsame Lern- und Entwicklungschancen für alle Kinder sicherstellt.

Gleich ist nicht gerecht!

„Wir machen keine Unterschiede, wir behandeln alle Kinder gleich!“ ist ein Satz, den man häufig im Zusammenhang mit Diversität hört. Doch Gleichbehandlung führt nicht automatisch zu Gerechtigkeit. Sie verstärkt ungleiche Machtverhältnisse, weil individuelle Unterstützung, die Ausgleich schaffen könnte, entfällt.

(vgl. Richter 2022, S. 131)

Die Verschiedenartigkeit der Kinder in der Einrichtung sollte wertgeschätzt und die verschiedenen Lebensformen der Familien als Bereicherung verstanden werden.

Verschiedene Lebensformen dürfen als Bereicherung wahrgenommen werden.

Eine entscheidende Bedeutung kommt dabei der **Wahl unserer Worte** zu: Mit Worten können wir „beschämen oder bestärken, verletzen oder heilen, sichtbar machen oder unsichtbar“ (Richter 2024). Sie können „Wörterzauber“ sein oder „Sprachgewalt“ (vgl. Wedewardt 2022).

Worte wirken.

„Unsere Worte vermitteln Kindern etwas darüber, was als ‚normal‘ und ‚richtig‘ bewertet wird, wer als zugehörig oder nicht zugehörig gilt, als bedeutsam oder unwichtig“ (Richter 2024). Niemand ist davor gefeit, hier „Fehler“ zu begehen. Werden wir darauf hingewiesen, sollte die Rückmeldung als **„Lerngeschenk“** (Richter 2024) angenommen werden. So können aus Fehlern Helfer werden (siehe Wedewardt & Cantzler 2022, S. 27). Nur so ist Weiterentwicklung möglich! Eine Teamkultur, in der **Fehlerfreundlichkeit** gelebt wird, macht dies möglich (siehe Seite 128).

In jedem Fehler steckt ein Helfer!

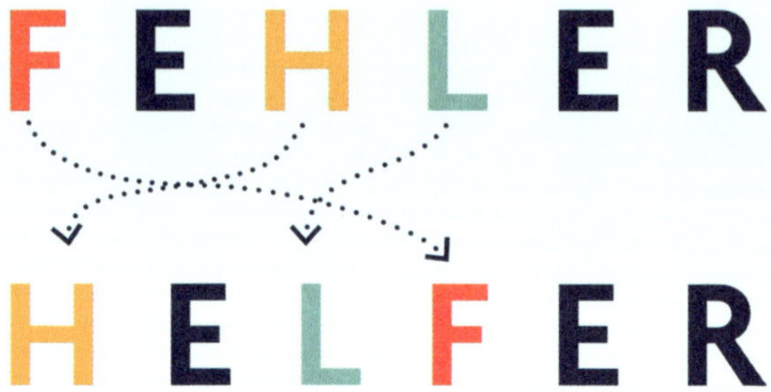

(nach Wedewardt & Cantzler 2022, S. 27)

Auch im Hinblick auf Familienformen ist Vorurteilsbewusstsein gefragt. In vielen Kitas herrscht noch immer ein **traditionelles Familienbild.**

> „Familie" sind alle Gemeinschaften, in denen Menschen miteinander in Beziehung stehen und Verantwortung füreinander übernehmen (vgl. Kinderwelten).

Darüber hinaus hat jede Familie eine **eigene Familienkultur,** die durch Erfahrungen, Werte, Rituale, Traditionen, Sprachen oder Dialekte und vieles mehr geprägt ist (vgl. Richter 2024). Pädagogische Fachkräfte sollten ihre Einstellungen mit denen der Eltern abstimmen, um den **Herkunftskontext der Kinder** zu berücksichtigen.

Im besten Fall werden Kinder im Kita-Alltag durch ein **multiprofessionelles Team** (siehe Seite 36ff.) gefördert, das im gemeinsamen Dialog steht und die jeweiligen fachlichen Perspektiven austauscht.

Alle Kinder aus dem Wohnumfeld werden bevorzugt aufgenommen.

Entscheidung des Trägers sollte es sein, dass die Kitas **Kinder aus dem Wohnumfeld bevorzugt** aufnehmen und dabei keine Ausnahmen machen. Die dafür notwendigen Ressourcen müssen vom Träger bereitgestellt werden, damit mit **heterogenen Gruppen** angemessen gearbeitet werden kann.

Die diversitätsbewusste und -unterstützende Haltung der Einrichtung sollte durch eine offensive Öffentlichkeitsarbeit nach außen getragen werden (z.B. Diversität dokumentierende Fotos und Materialen). Aushänge, Infobriefe, Einladungen und Konzeption sollten sowohl **mehrsprachig** als auch in leichter Sprache formuliert werden.

Pädagogische Fachkräfte müssen den Spagat zwischen Differenzierung und gemeinsamen Lernerfahrungen bewältigen.

Pädagogische Fachkräfte brauchen entsprechende Schulungen, um einerseits den **Bedarf an Differenzierungen** im Kita-Alltag zu erkennen und andererseits **gemeinsame Lernerfahrungen möglich zu machen.** Diese Balance im pädagogischen Alltag zu bewältigen, ist eine immense Herausforderung.

Das „Durchschnittskind" gibt es nicht.

Da es aber ohnehin die Aufgabe pädagogischer Fachkräfte ist, die **Kinder als Individuen mit ganz unterschiedlichen Bedürfnissen** zu sehen und zu beantworten, weil es das „Durchschnittskind" nicht gibt, sollte es auch möglich sein, Kinder gemeinsam in einer Gruppe zu begleiten, unabhängig von ihrer körperlichen Verfasstheit, ihrer Persönlichkeitsmerkmale, ihres Entwicklungsstands, ihres Geschlechts, ihrer Lebensmodelle, Familienkultur, Lebenswelt, Lebenslage, Alter, Religion, Bindungsvorerfahrungen, Hochbegabung, Spezialkompetenzen – gesetzt den Fall, die personellen Ressourcen lassen dies zu.

Exkludierenden Prozessen muss entgegengewirkt werden.

Im Alltag muss die **Teilhabe aller Kinder** an Spielen, Aktionen und Tätigkeiten sichergestellt sein. Pädagogische Fachkräfte sollten Spielerfahrungen ermöglichen, die die **Stärken jedes Kindes** zeigen und gemeinsame Spiele innerhalb der Gruppe fördern. Dabei muss a**uf exkludierende Prozesse sensibel reagiert und diesen deutlich entgegengewirkt** werden.

„Jede Diskriminierung oder Ungerechtigkeit, der nicht widersprochen wird, kursiert im sozialen Raum und erscheint als akzeptabel" (Richter 2024).

Darüber hinaus dürfen Kinder **nicht aus sozioökonomischen Gründen von Aktionen ausgeschlossen** werden. In den meisten Einrichtungen gibt es einen Förderverein, der in diesen Fällen die Kosten übernimmt.

Pädagogische Fachkräfte sollten alle Kinder darin unterstützen, dass ihre Vorstellungen, Absichten und Bedürfnisse von den anderen Kindern verstanden werden und beantwortet werden können. So **begleiten** sie zum Beispiel die **Handlungen von Kindern mit Worten,** die diese mittels Sprache (noch) nicht mitteilen können. Jede Form sich zu bewegen, auszudrücken und mitzuteilen wird dabei gleichermaßen geschätzt und unterstützt.

Stärken aller Kinder werden transparent gemacht.

Sprachbegleitende Gebärden, Fortbewegungsweisen und **Stärken einzelner Kinder** sollten allen Kindern transparent und erfahrbar gemacht werden. So können zum Beispiel alle Kinder einmal versuchen, im Dunkeln zu essen oder sich anzuziehen, mit dem Mund oder Fuß zu malen oder elektronische Kommunikationshilfen zu nutzen. Das **gegenseitige Verständnis füreinander** in Alltags- und Spielsituationen wird so deutlich gestärkt. Ebenso ist es wichtig, die Kinder die **Unterschiedlichkeiten und Ähnlichkeiten zwischen ihnen entdecken zu lassen** und dabei stets **wertschätzend für die unterschiedlichen Lebensformen** zu sein.

Pädagogische Fachkräfte sind häufig unsicher, ob sie Kinder dazu ermutigen sollten, Unterschiede zwischen Menschen zu erkunden, weil sie besorgt sind, dass Vorurteile dadurch erst entstehen. Diese Sorge ist unbegründet:

Kinder lernen Vorurteile aus Vorurteilen, nicht aus der vorurteilsbewussten Begegnung mit Diversität (vgl. Wagner 2022, S. 304).

Strukturen, welche der Diversität der Kinder nicht angemessen sind oder für einzelne Kinder nicht passen, müssen reflektiert und verändert werden (siehe auch Seite 110).

Strukturen müssen auch im Hinblick auf Diversität überprüft werden.

Dazu gehören die **Nutzungsvielfalt der Räumlichkeiten** genauso wie die Eignung von Tagesrhythmus und Regeln, Angeboten und Lernumgebungen. **Individuelle Zeitbedarfe** können durch zeitweilig voneinander abweichende Tagesabläufe berücksichtigt werden. Es kann zum Beispiel sinnvoll sein, dass ein Kind noch ungestört sein Bild fertig malt, während die anderen bereits nach draußen gehen. Die **situative Bedeutung von Einzelaktionen** sollte stets mit dem Sinn von gemeinsamen Aktionen abgewogen werden. Für ein Kind kann es zeitweise sehr wichtig sein, sich alleine anzuziehen und dadurch länger zu brauchen als mit Hilfe. Das **Bedürfnis nach Autonomie** sollte dann als höher erachtet werden als das gemeinsame Rausgehen. Immer wieder sollte das Team die **Passgenauigkeit von Strukturen** für die bestehende Kindergruppe reflektieren und sich mit Fragen konfrontieren wie:

- Entsprechen Räume und Materialien den Bedürfnissen aller Kinder in der Gruppe?
- Gibt es auch anregungsreiche, individualisierte Angebote für Kinder mit Hochbegabung?
- Sind die Räume barrierefrei?
- Sollte der Tagesablauf durch Bildkarten visualisiert werden?

Weitere Beispiele zur **Anpassung der Ausstattung an die Bedürfnisse der Kindergruppe** sind: Sprachcomputer, Greifhilfen, Bildkarten, BLISS-Karten, Longshirts zum Plantschen, Memory mit Tast-Möglichkeiten, Bilderbuch mit Gebärden, die Polylino-App zum Übersetzen von Kinderbüchern oder ein stabiles Fahrzeug als Gehhilfe. In der **Buch-, Bilder- und Illustrationsauswahl** sollten sich Menschen mit unterschiedlichen körperlichen, psychischen und kognitiven

Merkmalen, aus verschiedenen Familienkulturen, mit ihren Sprachen, mit ihren Geschlechtern, Lebensmodellen und -welten wiederfinden.

Die Ausstattung spiegelt Diversität wider.

Auch Gebrauchs- und Einrichtungsgegenstände aus verschiedenen Familienkulturen sowie vielseitige Berufsutensilien und Verkleidungsvarianten spiegeln die Diversität wider.

Projekte, um mit Kindern die Vielfalt der Welt zu thematisieren

- „Fachstelle Kinderwelten"
- „Frühstart"
- „Te Whariki"
- „Kultursensitive Aspekte in der Krippenpädagogik" (nifbe)

Richter, S. (2024): Vorurteilen und Diskriminierung in der Kita begegnen. Freiburg: Herder.

Richter, S. (2024): Vorurteilen und Diskriminierung in der Kita begegnen. 40 Reflexionskarten für die Teamarbeit. Freiburg: Herder.

Hundegger, V. (2023): Eine Kita für alle. Inklusion und diversitätssensibles Handeln. kindergarten heute praxis kompakt. Freiburg: Herder.

Wagner, P. (2022): Handbuch Inklusion. Freiburg: Herder.

16.

Altersmischung

„Altersmischung" gehört im weitesten Sinne zum Thema Inklusion, wird aber hier aufgrund der besonderen Relevanz in den unterschiedlichen Formen der Kindertagesbetreuung gesondert betrachtet.

Beantwortung der Altersgruppen im Alltag

Die Professionalität pädagogischer Fachkräfte, die mit Kindern unterschiedlicher Altersgruppen arbeiten, erfordert zunächst entwicklungspsychologische Kenntnisse über Bedarfe, Interessen und Themen der Kinder.

Bereits in reinen Krippen- und Kindergartengruppen existiert eine Altersmischung.

Es braucht das Bewusstsein darüber, dass bereits eine Kindergruppe von 0 bis 3 Jahren bzw. von 3 bis 6 Jahren eine Altersmischung darstellt.

Das Alter muss zudem nicht mit dem Entwicklungsstand übereinstimmen!

Zur reflektierten Auseinandersetzung mit dem Thema bieten sich eine **themenspezifische Fortbildung** oder ein Coaching an. In jedem Fall braucht es eine **entwicklungsadäquate, bedürfnisorientierte Beantwortung,** die Gestaltung einer **anregungsreichen Umgebung** für alle Kinder und mit Sicherheit keine heruntergebrochene Kindergartenpädagogik für Krippenkinder, wie sie in den Anfängen der U3-Betreuung häufig vorzufinden war.

Es kann sinnvoll sein, **zeitweilige Binnendifferenzierungen** innerhalb der Gruppen vorzunehmen und zum Beispiel entwicklungsspezifische Angebote an einem ungestörten Ort, Bewegungsangebote für Krabbelkinder oder Rennstrecken für größere Kinder zu planen (siehe Seite 112f.). Hierzu bieten sich auch **gruppenübergreifende Aktivitäten** an. Diese können genauso für **altersähnliche** wie für **altersferne Kontakte** genutzt werden. Krippenkinder können den Kindergartengruppen Besuche abstatten, und Patenschaften zwischen älteren und jüngeren Kindern können Übergänge erleichtern (siehe Seite 76f.). Sogenannte Mini-, Midi- und Maxitreffs in extra dafür reservierten Räumen (z.B.

Außengelände, Bewegungsraum, Atelier) bieten die Möglichkeit für Intensivzeiten und gruppenübergreifende Kontakte.

Der Berücksichtigung der individuellen Bedürfnisse aller Kinder kommt gerade in der Altersmischung eine große Bedeutung zu. Nach Bedarf sind zeitweilig voneinander **abweichende Tagesabläufe** notwendig. So könnten die jüngeren Kinder früher essen und dann schlafen gehen, während die älteren Kinder in der Schlafenszeit der Jüngeren zu Mittag essen. Für die großen Kinder bieten sich in der dann verkleinerten Gruppe andere Möglichkeiten und Intensivzeiten.

Gelingende Altersmischung bringt viele Chancen mit sich.

Wenn die (große) Altersmischung wirklich gelebt wird, bieten sich hier **tolle Möglichkeiten und Entwicklungsanreize** für alle Kinder. Die jüngeren Kinder können bei Aktivitäten der Älteren zuschauen. Teilweise ist auch zu beobachten, dass die älteren Kinder die „Kleinen“ gerne beim Füttern, Anziehen, Ausziehen, Händewaschen, Zähneputzen, Wickeln oder Toilettengang unterstützen (dürfen), wenn diese damit einverstanden sind und keine Scham signalisieren.

Raum und Ausstattung in der Altersmischung

Eine große Altersmischung, in der Null- bis Sechsjährige gemeinsam betreut werden, erfordert **besondere Aufmerksamkeit für eine entwicklungsangemessene Ausstattung** und Ausgestaltung der Räume.

Altersmischung erfordert eine differenzierte Raumgestaltung.

So bedarf es Toiletten, Urinale, Spiegel sowie Waschbecken, Wasserhähne und Handtücher in unterschiedlichen Höhen, mitwachsende Stühle, Geschirr und Besteck für alle Altersstufen, Kleinstkindschaukeln, Fahrzeuge für jüngere und ältere Kinder bzw. mehr oder weniger „Geschickte“.

Die Zugänge zu Hochebenen müssen durch **unterschiedliche Schwierigkeitsgrade** differenziert werden. Fotos und Illustrationen sowie Kinderfunde und -werke müssen sich auf den **unterschiedlichen Augenhöhen** und dem Fußboden befinden.

Sowohl die Spiele der jüngeren wie auch die der älteren Kinder müssen ihren „Raum“ bekommen.

Raum und Ausstattung in der Altersmischung müssen allen Altersgruppen gerecht werden.

Für die jüngeren Kinder braucht es separate Spielbereiche, Renn- und Fahrstrecken, Klettermöglichkeiten sowie einen separaten Schlafraum und Aktivitätsbereiche, die der sehr unterschiedlich verlaufenden Entwicklung der Null- bis Dreijährigen gerecht werden. Zur Schaffung separater Spielbereiche bieten sich bewegliche Raumelemente an, welche die Raumsituation situativ verändern können. Aber auch die älteren Kinder dürfen nicht zu kurz kommen: Sie brauchen einen geschützten Raum mit Platz für ihre Projekte und Themen, für Musikinstrumente, Werkzeuge, Forschertische oder „wertvolle“ Funde. Das „Stehenlassen“ ihrer Projekte sollte über mehrere Tage hinweg möglich sein, sie brauchen Platz, um Spuren hinterlassen zu können.

17.

Erziehungs- und Bildungspartnerschaft mit Familien

Eine gelingende Erziehungs- und Bildungspartnerschaft mit den familiären Bezugspersonen der Kinder ist die **Voraussetzung für eine gelingende Entwicklung der Kinder** in der Kita-Zeit und damit die Grundlage für die weitere Bildungsbiografie.

Erziehungs- und Bildungspartnerschaft beeinflusst die kindliche Entwicklung.

Eltern und pädagogische Fachkräfte sind die **wichtigsten Bezugspersonen** eines Kindes im Kita-Alter und sollten sich **als Partner:innen verstehen.** Nur so kann das Kind ein **positives Selbstbild** aufbauen (siehe Seite 135ff.). Ein kontinuierlicher und intensiver Austausch, geprägt von wechselseitigem Respekt, ist deshalb unumgänglich (vgl. Kirschke & Hörmann 2014, S. 13).

> Ob ein Kind sich in der Kita wohlfühlt, hängt wesentlich von der Beziehung zwischen Eltern und pädagogischen Fachkräften ab.

Retz (2024, S. 27) fordert von pädagogischen Fachkräften einen **wertschätzenden und wohlwollenden Blick** auf Eltern und Kinder: „Der **Glaube an die elterliche Entwicklungsbereitschaft** darf niemals verlorengehen. Ebenso wenig das Festhalten an der Idee, dass Eltern in aller Regel einen guten Elternjob machen wollen." Das Ziel einer gelingenden Erziehungs- und Bildungspartnerschaft besteht darin, dass **Fachkräfte für Eltern und Kinder „zu einem sicheren Hafen" werden.** Dieser sichere Hafen können Eltern dann wiederum für ihr Kind sein (vgl. ebd.).

Pädagogische Fachkräfte kommen in der Kita **„mit sehr unterschiedlichen familialen Lebensformen und Elternpersönlichkeiten in Kontakt"** (ebd., S. 9). Das kann sehr herausfordernd sein. Wenn aber „Vielfalt als Wert verstanden wird" (ebd.), **gewinnen Fachkräfte an Ruhe und Sicherheit,** und die Erziehungs- und Bildungspartnerschaft kann als sehr bereichernd wahrgenommen werden (vgl. ebd.). Eltern sollten dabei stets als die **Expert:innen ihrer Kinder** wertgeschätzt werden und der Austausch mit ihnen immer auf Augenhöhe erfolgen, unabhängig von ihrem sozioökonomischen Status, ihrem sozio-kulturellen Hintergrund etc. (siehe Seite 152ff.).

Informationen der Kita können über Elternbriefe, Flyer, ein Kurzkonzept oder Wandzeitungen erfolgen. Um eine **verlässliche Kommunikation** sicherzustellen, sollten Informationsmaterialien in den für die Familien **relevanten Sprachen** sowie in einfacher Sprache erstellt werden. Bei Elterngesprächen müssen **Dolmetscher:innen** sowie Dialogpartner:innen für Analphabet:innen, blinde und gehörlose Eltern organisiert werden. Fotoausstellungen und Filmreportagen machen den **alltäglichen Ablauf in der Kita transparent,** geben Informationen zur Kita-Gruppe und dokumentieren die Bildungsarbeit, zum Beispiel durch **bebilderte und fachlich kommentierte Projektberichte.**

Die Art und Ausgestaltung von Informationen müssen sich an den Bedürfnissen der Familien orientieren.

Eltern sollten im Sinne eines funktionierenden **Beschwerdemanagements** Informationen und Meinungen zur Kita veröffentlichen können. **Elterngremien** dürfen aktiv an wichtigen Entscheidungen und Umsetzungen zur Kita beteiligt werden, zum Beispiel beim Planen und Gestalten von Festen, Anschaffen von Materialien, Umstrukturieren der Kita, der Konzeptionsentwicklung oder bei der Entwicklung des Schutzkonzepts. Die Möglichkeit, in der Kita zu **hospitieren,** sollte angeboten werden. Eine **jährliche Befragung zur Zufriedenheit** aller Eltern sowie die Vorstellung der Auswertungsergebnisse auf einem Elternabend oder in einem Elternbrief demonstrieren das **Partizipationsverständnis** der Einrichtung. Anregungen aus den Befragungen sollten dann auch konstruktiv aufgegriffen werden.

Die Beteiligung der Eltern kann sich auch in **Beiträgen zum Portfolio,** zum Beispiel durch häusliche Beobachtungen und Fotoserien oder ein Ich-Buch der Kinder mit Fotos von zu Hause, ausdrücken. Fachkräfte und Eltern tauschen sich über die **Bildungsbeobachtungen** von zu Hause und Kita aus, genauso wie über **Bildungs- und Entwicklungsverständnis und Erziehungsstile.** Pädagogische Fachkräfte vermitteln hierbei ein modernes Bildungsverständnis, das besagt, dass sich Kinder selbst bilden, und mit dem ein **prozess- statt ergebnisorientiertes Lernen** propagiert wird.

Es findet ein kontinuierlicher Austausch zur kindlichen Bildung und Entwicklung statt.

Innerhalb und außerhalb der Betreuungszeiten können Eltern-Kind-Gruppen in der Einrichtung stattfinden oder Krabbelgruppen in Vorbereitung auf einen Krippenbesuch in der Kita. Gemeinsame Ausflüge, Bastelnachmittage, Väter- bzw. Müttergruppen oder auch das Projekt „Rucksack-Kita"[5] bieten sich an, um das gegenseitige **Kennenlernen zu fördern** sowie Vertrauen und Beziehung entstehen zu lassen.

Gemeinsame Aktionen fördern den Beziehungsaufbau.

Es ist auch möglich, die Eltern **in den Kita-Alltag einzubinden,** indem sie etwa eingeladen werden, ihre Lebenswelt oder ihre Berufe in der Kindergruppe vorzustellen. Grundsätzlich sollten Eltern ermuntert und ermutigt werden, bei der **Gestaltung von Begegnungen und Festen** gemäß ihrer Traditionen und Lebenswelten mitzuwirken.

Elternabende, Elterngespräche (Entwicklungsgespräche) sowie Tür-und-Angelgespräche können durch das Angebot eines **Elterncafés** ergänzt werden. Mehr und mehr wird die Notwendigkeit elterlicher Beratung durch pädagogische Fachkräfte deutlich. Regelmäßige „Sprechstunden" in der Kita können hier Hürden abbauen. Im Bedarfsfall sollte die Kita in der Lage sein, **Unterstützungs- und Bildungsangebote** zu leisten, wie zum Beispiel Kontaktadressen von Erziehungsberatungsstellen, Sozialpädiatrischen Zentren oder Frühförderstellen zu vermitteln. Auch die Möglichkeit, Eltern zum Jugendamt, zu Fachärzt:innen oder Psycholog:innen zu begleiten, kann überdacht werden. Selbstverständlich sind hier die **zeitlichen und personellen Ressourcen** die Grundvoraussetzung.

Kitas können einen entscheidenden Beitrag zur Inklusion leisten.

In Kitas, die den Charakter von Familienzentren haben, werden Elterntrainings, Sprach-, Computer- oder Bewerbungskurse angeboten. Auch dies kann einen **Beitrag zur Inklusion** leisten; der Bedarf hierfür wächst.

5 Siehe auch: www.youtube.com/watch?v=Vq5MeFEWRw8.

Retz, E. (2024): Kita-Eltern begleiten und beraten. Konkrete Impulse für beziehungsorientierte Elterngespräche. Freiburg: Herder.

nifbe (Hrsg.) (2022): Gemeinsam an einem Strang ziehen. Zusammenarbeit mit vielfältigen Familien in der KiTa. Freiburg: Herder.

Roth, X. (2022): Handbuch Zusammenarbeit mit Eltern. Bildungs- und Erziehungspartnerschaft in der Kita. Freiburg: Herder.

Wehinger, U. (2022): Eltern beraten, begeistern, einbeziehen. Erziehungspartnerschaft in der Kita. Freiburg: Herder.

18.

Sozialraumöffnung und Vernetzung

Für eine Öffnung der Kita hin zum Sozialraum wird das soziale Umfeld einer Einrichtung als Ressource für die Kita-Praxis wahrgenommen und genutzt. Die Kita bezieht die Familien und Bewohner:innen des Stadtteils, also die gesamte Lebenswelt und Lebenssituation der Kinder inklusive der räumlichen Gegebenheiten mit in ihre pädagogischen Planungen und Handlungen ein (vgl. Jares 2014).

Die Sozialraumöffnung ermöglicht, die gesamte Lebenswelt der Kinder einzubeziehen.

Passen die Angebote der Kita zu den Bedarfen der Familien? Dies kann durch **Elternbefragungen oder Kinderinterviews** in Erfahrung gebracht werden. Befragungen von Institutionen und Einwohner:innen im Umfeld sowie eine Jugendamtsbefragung sind Möglichkeiten, um die **wechselseitigen Anforderungen und Wünsche** abzugleichen. Ortserkundungen mit den Kindern und eigene Recherchen der Fachkräfte sind weitere Maßnahmen der **Sozialraumorientierung,** die stetig reflektiert und überarbeitet werden muss.

Mit den Kindern zusammen kann ein **Stadtplan** entwickelt werden, um die Umgebung grafisch darzustellen und die Einbettung in einen Sozialraum zu visualisieren. **Ausflüge** ins Theater, in die Bücherei, zur Post, zum Förster etc. weiten den Blick der Kinder für die **Angebote in ihrem Wohnumfeld.** Eine andere Möglichkeit besteht darin, Expert:innen oder auch Lesepaten aus Seniorenheimen oder -vereinen in die Kita einzuladen. Immer wieder geht es darum, **die Innen- und Außenwelt der Kita miteinander zu vernetzen** und in die Gestaltung von Aktivitäten und Projekten zu integrieren.

Die Innen- und Außenwelt der Kita werden miteinander vernetzt.

Die Teilnahme der Kita an **öffentlichen Veranstaltungen** macht sie bekannter und erhöht die Wahrscheinlichkeit der künftigen bzw. kontinuierlichen Zusammenarbeit mit Institutionen aus dem Sozialraum. Manche Einrichtungen **öffnen ihr Haus nach Betreuungsende für Dritte** und machen ihre Räumlichkeiten für den Sozialraum zugänglich, zum Beispiel für Kurse, Vorträge, Feste. Eine **professionelle Öffentlichkeits- und Gremienarbeit** kann für beide Seiten Vorteile bieten. Die Kita wird der Öffentlichkeit bekannt gemacht, durch Newsletter, Flyer, Infobroschüren, und kann so durch die Gewinnung von Sponsoren und Förderern neue finanzielle Möglichkeiten für die Kita erwirken. Auch die **Kooperation mit Kinderkrippen, Kindertagespflegestellen und Grundschulen** gehört zu einer professionellen Netzwerkarbeit einer Kita und erleichtert die Übergänge für die Kinder (siehe Seite 76f.).

Kooperationen mit anderen Bildungseinrichtungen können Übergänge für die Kinder erleichtern.

Diese Zusammenarbeit kann durch **wechselseitige Hospitationen,** den regelmäßigen Austausch der Fachkräfte, gemeinsame Informationsabende für die Eltern und eine **gemeinsame Übergangsgestaltung** gelebt werden. Wurde ein Kind in den ersten Jahren durch eine Tagespflegeperson betreut, ist es auch möglich, dass diese als Bezugsperson des Kindes die Eingewöhnung in der Kita übernimmt. Oder aber Kindertagespflegepersonen aus der Umgebung werden zu Teamfortbildungen oder -sitzungen eingeladen bzw. können die Räume der Einrichtung mit ihren Tagespflegekindern nutzen. Auch die **Kooperation mit Vereinen** kann für beide Seiten Vorteile bieten: So können die Räumlichkeiten wechselseitig mitgenutzt werden, und es eröffnen sich neue Möglichkeiten für beiden Seiten.

Teil III:

WIE SIEHT GUTE QUALITÄTSSICHERUNG AUS?

19.
QUALITÄTSMANAGEMENT UND QUALITÄTSMESSUNG

20.
EXTERNE EVALUATION – DER KOMPETENTE BLICK VON AUSSEN

Kindertageseinrichtungen in Deutschland tragen erheblich dazu bei, die individuelle und soziale Entwicklung junger Menschen zu fördern und sie zu eigenverantwortlichen und gemeinschaftsfähigen Persönlichkeiten heranwachsen zu lassen.

Maßgebend für die pädagogische Qualität einer Kindertageseinrichtung ist, inwieweit sie den verschiedenen Bedürfnissen des Kindes entspricht, insbesondere seinem Anspruch auf Förderung seiner Entwicklung. Dies gilt gleichermaßen für die Erwartung der Eltern auf Beratung und Unterstützung bei der Erziehung ihres Kindes. Wichtig ist dabei, dass der Inhalt und die Gewichtung der verschiedenen Komponenten des jeweiligen Qualitätsverständnisses der Einrichtung überprüft, reflektiert und gegebenenfalls neu gefasst werden (vgl. bagljae 2000).

19.

Qualitätsmanagement und Qualitätsmessung

Qualitätsmanagement umfasst alle **Führungs- und Steuerungsaufgaben zur Qualitätssicherung und -verbesserung.** Zur Evaluation des Qualitätsmanagements steht eine Vielzahl von Qualitätsmanagement- und Zertifizierungsverfahren mit unterschiedlichen Zielstellungen und Verfahrensweisen zur Verfügung. Die Entscheidung für ein Qualitätsmessinstrumentarium hängt davon ab, was Träger und Leitung einer Kindertageseinrichtung erreichen wollen.

Die Auswahl des Qualitätsmessinstrumentariums richtet sich nach dem, was Träger und Leitung einer Kindertageseinrichtung erreichen wollen.

Die **Entscheidung für ein Qualitätsmessinstrument** kann davon abhängen, ob:

- mit der Evaluation ein dauerhafter Prozess in Gang gesetzt werden soll,
- ausgehend vom aktuellen Stand die eigene Einrichtung mit anderen Einrichtungen verglichen werden soll,
- man sich einem europaweit gültigen Managementsystem unterziehen will, um die eigene Wettbewerbsfähigkeit zu erhöhen oder
- eine Zertifizierung erfolgen soll, die in regelmäßigen Abständen wiederholt werden muss.

Exkurs: Die wichtigsten Methoden der Qualitätsmessung

- **DIN ISO 9000 ff** ist eine internationale Normenreihe, die nicht inhaltlich normiert, sondern formale Anforderungen an das Qualitätsmanagementsystem stellt; die Umsetzung ist in fast allen Dienstleistungsbereichen möglich; durch den hohen Grad an Universalität gehen Spezifika verloren; sehr abstrakte Sprache.
- **TQM (Total Quality Management)** umfasst über ISO-Normen hinaus die Aufbauorganisation, das Führungskonzept und die Sammlung von

Arbeitsmitteln zur Verbesserung der Qualität, wie zum Beispiel „Qualitätszirkel“ als Element der Mitarbeiterbeteiligung; definiert elementare Qualitätsprozesse in einer Organisation; benennt konkrete Qualitätskriterien (Kundenorientierung, Maßstäbe wie strategischen Erfolg, Mitarbeiterbezug und Nutzen für die Gesellschaft); Darlegung erfolgt in neun Bereichen der Organisation; Selbstbewertung möglich mittels Fragebogen und Bericht mit sehr detaillierten Qualitätskriterien; externes Assessment durch zwei Prüfer aufgrund des Berichts der Organisation; kein Zertifikat, Teilnahme am European Quality Award möglich; im Vordergrund steht die Verbesserung der Leistungen für den Kunden mittels Qualitätsmanagement.

- **EFQM (European Foundation for Quality Management)** ist die europäische Variante von TQM.
- **Qualitätsentwicklung im Dialog** als Instrumentarium ist vor allem durch den Kronberger Kreis für Qualitätsentwicklung in Kindertageseinrichtungen mit seiner Methode „Qualität im Dialog entwickeln“ bekannt; eine interdisziplinäre Arbeitsgruppe von Fachleuten, die aus dem Hessischen Projektring „Orte für Kinder“ hervorgegangen ist, gegründet 1995, hat es sich zur Aufgabe gemacht, Fragen der Reform und Evaluation von Kindertageseinrichtungen zu erörtern und ein Konzept zur dialogischen Qualitätsentwicklung zu erarbeiten, insbesondere in den Bereichen Bedarf und Nachfrage, Angebote, Ziele, Mittel und Möglichkeiten sowie berufliche Praxis.
- **KES – Kindergarten-Einschätz-Skala** ist die deutsche Fassung der Early Childhood Environment Rating Scale (ECERS) für Kinder von drei bis sechs Jahren; misst vor allem die Prozessqualität in einer Einrichtung, um auf dieser Grundlage Verbesserungen abzuleiten, unterscheidet drei Qualitätsbereiche: die Orientierungsqualität (Ziele, Konzepte, Vorstellungen über kindliche Entwicklung), die Strukturqualität (Erzieher-Kind-Schlüssel, Raumgestaltung, Ausstattung, Aus- und Fortbildung) und die Prozessqualität (Umgang mit dem Kind, Interaktion, Einbeziehung der Familie); der Einschätzung liegen 37 Items zugrunde mit jeweils sieben fließenden Beurteilungsstufen: von 1 unzureichend bis 7 ausgezeichnet (vgl. Schäfer-Pichula 2020).

20.

Externe Evaluation – Der kompetente Blick von außen

Die Ansprüche an Kindertagesbetreuung sind in den letzten Jahrzehnten deutlich gestiegen. Es geht nicht mehr nur darum, dass Kinder in der Zeit, in der ihre Eltern arbeiten müssen, verlässlich betreut werden und ausreichend und sicher versorgt sind, sondern vielmehr, ob sie eine **gute Bildungsbegleitung** erhalten, die ihrer Entwicklung vielfältig zugutekommt.

Nachdem Länder, Kommunen und Eltern deutsche Kitas jährlich mit rund 35 Milliarden Euro finanzieren, sollte die Politik die Qualität in Kitas systematisch sichern und externe Erhebungen und Zertifizierungen zur Pflicht machen, wie dies bereits in Berlin der Fall ist.

Zudem wären sie ein wichtiges Mittel, um die **Transparenz** für alle Beteiligten zu erhöhen (vgl. Weegmann 2021). Derzeit nutzen nur 27 Prozent aller Träger externe Evaluationen (vgl. Klinkhammer et al. 2022, S. 16).

Die Politik muss die Kita-Qualität durch externe Erhebungen systematisch sichern.

Seit etwa 20 Jahren haben sich die großen freien Träger auf den Weg gemacht, Möglichkeiten der Qualitätsverbesserung zu entwickeln und anzuwenden. Allerdings liegt dabei der Fokus der Träger auf **internen Verfahren** der Organisationsentwicklung und des Qualitätsmanagements; sie orientieren sich an allgemeinen Organisationsentwicklungs- und Qualitätsmanagementsystemen, die auch sonst im Produktions- und Dienstleistungsbereich angewendet werden, wie zum Beispiel EFQM, TQM und den Normen ISO 2000ff. (vgl. Roux & Tietze 2007). Dabei liegt der Schwerpunkt der Qualitätsmanagementsysteme auf **trägerspezifischen Qualitätszielen,** die nicht zwingend an übergreifenden kindbezogenen Bildungszielen orientiert sein müssen. So können hauptsächliche Qualitätsziele sein, ein gewünschtes Leitbild der Trägerorganisation sichtbar werden zu lassen oder organisatorische bzw. managementbezogene Trägerziele zu erreichen.

Diese Art guter Qualität muss aber **keinerlei positiven Effekt auf die Bildungsbegleitung** oder das kindliche Wohlbefinden haben. Die **realisierte Prozessqualität** wird in den Qualitätsmanagementsystemen der freien Träger **nicht systematisch erfasst** (vgl. ebd.).

Herkömmliche Qualitätsmanagementsysteme erfassen nicht systematisch die Prozessqualität.

Auch wenn es sich Träger zur Aufgabe machen, die pädagogische Qualität ihrer Einrichtungen zu steigern, sind die **Wege** dorthin **höchst unterschiedlich.** Dabei spielen vor allem zwei Aspekte eine Rolle:

- Welche Qualitätsziele werden formuliert? Welche Kennziffern, Kennzahlen und qualitativen Erfolgsindikatoren werden für den Qualitätssteigerungsprozess festgelegt?
- Mit welcher Methodik (interne bzw. externe Evaluation) wird der aktuelle Ist-Stand erfasst (Qualitäts-Controlling)?

So kann ein Träger es dabei belassen, einen aktuell gegebenen Qualitätsstand einmalig zu messen, und entsprechende Maßnahmen einleiten, den Standard verbessern oder aber wiederholte Messungen in zeitlichen Abständen durchführen, um zu prüfen, ob die Maßnahmen Wirkung zeigen und sich der Ist-Stand der Qualität der jeweiligen Kita verbessert hat.

Auch liegt es in der Entscheidung des Trägers, ob die Einrichtung ihre Qualität selbst in den Blick nimmt (**interne Evaluation**) oder unabhängige Expert:innen von außen auf die Einrichtungsqualität schauen lässt (**externe Evaluation**).

Nur in Berlin sind Träger zur externen Evaluation verpflichtet.

Allerdings sind lediglich die Kita-Träger in Berlin dazu verpflichtet, sich in einem Rhythmus von fünf Jahren auf Grundlage des aktualisierten Berliner Bildungsplans extern evaluieren zu lassen. Für die externe Evaluation wählt die Kita/der Träger einen von der Berliner Senatsverwaltung anerkannten Anbieter für externe Evaluation zum Berliner Bildungsprogramm für Kitas und Kindertagespflege aus.

Vor- und Nachteile von interner und externer Evaluation

Interne Evaluation bzw. Selbstevaluation

Stehen Kita-Mitarbeitenden geeignete Verfahren der internen Evaluation zur Verfügung, für deren korrekte Anwendung sie entsprechend geschult werden, können damit **wichtige Hinweise** gewonnen werden, wo Prozesse im Alltag bereits qualitativ gut laufen und wo es noch Entwicklungsbedarf gibt. Geeignete

Verfahren sollten **an den aktuellen Bildungszielen der Bildungspläne anknüpfen** und mit direkten Beobachtungen im Kita-Alltag einhergehen, damit nicht nur allgemeine Meinungen über die eigene Prozessqualität bestätigt werden, sondern auch die Chance besteht, Qualitätslücken und -steigerungspotenziale zu entdecken bzw. Qualitätsunterschiede zwischen den verschiedenen Gruppen festzustellen. Dies sollte dann Anlass zur gemeinsamen Teamreflexion, Weiterentwicklung der gemeinsamen pädagogischen Haltung und geeigneten Maßnahmen zur Qualitätssteigerung sein.

Die **Vorteile der Selbstevaluation** liegen vor allem in der Nähe zur eigenen Arbeit und der guten Kenntnis aller Abläufe und Strukturen der jeweiligen Einrichtung. Auch könnten eine höhere Identifikation mit den (eigenen) Ergebnissen und eine größere Bereitschaft, Handlungskonsequenzen aus den Befunden zu ziehen, erzielt werden Darüber hinaus lässt sich mit geringerem organisatorischen und finanziellen Aufwand jederzeit eine Evaluation durch das eigene Fachkraftteam (erneut) durchführen.

> Interne Evaluationen bergen die Gefahr der Voreingenommenheit.

Der **größte Nachteil der internen Evaluation** ist das **Fehlen einer kritischen Distanz** zur bisherigen eigenen Arbeit und die Gefahr, aufgrund **subjektiver Voreingenommenheit** („Betriebsblindheit“) bestehende, gegebenenfalls verbesserungswürdige Abläufe oder steigerbare Raumqualität zu übersehen und damit **bestehende pädagogische Qualität zu zementieren** statt weiterzuentwickeln. Sich ausschließlich auf den Binnenblick einer **Selbstevaluation** zu verlassen, erscheint daher als **unzureichend** für eine kontinuierliche Weiterentwicklung der Qualität von Team und Einrichtung

Tabelle: Vor- und Nachteile von Selbst- bzw. Fremdevaluation

	Selbstevaluation	Fremdevaluation
Vorteile	Keine fremden Personen (Evaluator:innen) im Einrichtungsalltag Die Nähe zur eigenen Arbeit und die gute Kenntnis aller Abläufe, Strukturen Höhere Identifikation mit den Ergebnissen Höhere Bereitschaft, Handlungskonsequenzen aus den Befunden zu ziehen Mehr Engagement und Vertrauen in die Arbeit In der Regel geringere Kosten	Neutrale Bewertung von außen durch geschulte extra ausgebildete Beobachter:innen Objektiver, neutraler Blick auf das Gesamtsystem der Einrichtung Einheitliche Kriterien und standardisierte Verfahren kommen zum Einsatz Vergleichsmöglichkeiten mit anderen Einrichtungen Fachkräfte müssen sich nicht in Verfahren einarbeiten Höhere Anerkennung von außen
Nachteile	Zu starke Identifikation mit der Einrichtung und der bisherigen eigenen Arbeit Kritische Distanz fehlt Fachkräfte sind voreingenommen „Betriebsblindheit" – nötige Objektivität fehlt Ergebnisse werden im Team mit unterschiedlichen Prioritäten bewertet Methode wird außerhalb der Einrichtung nicht so stark anerkannt	Beurteilung durch fremde Personen von außen, die ggf. mehrere Tage in der Einrichtung sind Einheitliche Verfahren überdecken die Individualität jeder Einrichtung Aussagekraft abhängig vom eingesetzten Verfahren und der/dem Evaluator:in Geringere Identifikation mit den Resultaten Hohe bzw. höhere Kosten

Quelle: Amerein 2019, S. 351

Externe Evaluation bzw. Fremdevaluation

Verfahren zur externen Evaluation in Tageseinrichtungen für Kinder müssen so aufgebaut sein, dass sie **sowohl pädagogische Qualität als auch Struktur- und Orientierungsqualität** messen können. Die Anwendung sollte für die Nutzer:innen, Finanziers (Träger, Fachkräfte, Landesjugendämter) und Kund:innen

(Eltern, Kinder) die Mindeststandards an die Arbeit im Bereich der Erziehung, Bildung und Betreuung transparent machen und gleichzeitig eine **Orientierung hin zu höheren Standards** ermöglichen (vgl. Roth et al. 2012). Es ist nicht das Ziel, dass alle Einrichtungen zu sogenannten „Best-Practice-Kitas" werden, doch ist es ausschlaggebend, dass sie ein **positiv kritisches Selbstverständnis** ihrer Arbeit entwickeln und durch die externe Evaluation und dadurch angestoßene Weiterentwicklungsprozesse die Ebene von „Good-Practice-Einrichtungen" erlangen.

Externe Evaluation ermöglicht eine objektive Einschätzung der Einrichtungsqualität.

Die geeignetste Methode, um Einrichtungsqualität objektiv einzuschätzen, blinde Flecken wahrzunehmen und Impulse zur Qualitätssteigerung auszulösen, ist die externe Evaluation. Ein valides und reliables Ergebnis kann allerdings nur dann sichergestellt werden, wenn dabei **einheitliche Kriterien und standardisierte Verfahren** zum Einsatz kommen und die Bewertung durch geschulte extra ausgebildete Beobachter:innen, die gegebenenfalls mehrere Tage in der Einrichtung beobachten, auf einer neutralen Ebene erfolgt.

Evaluationsanbieter wie Pädquis oder Ektimo erfüllen diese Kriterien und haben spezielle Evaluationsverfahren entwickelt. Pädquis verwendet hierfür die aus dem Amerikanischen stammende, für deutsche Kindertageseinrichtungen angepasste Kindergarten-Einschätz-Skala bzw. die Krippen-Skala (KES-R bzw. KRIPS-R), Ektimo das eigens entwickelte INA-BBP-Verfahren. Besonders erwähnt werden sollte auch das Evaluationsverfahren „Index für Inklusion" (GEW 2015), das speziell dafür entwickelt wurde, Zugangs- und Teilhabebarrieren für alle Personen abzubauen, die potenziell von Ausgrenzung betroffen sind, wie etwa Kinder mit Behinderung, sonderpädagogischem Förderbedarf, Spezial- und Hochbegabung, aber auch Eltern, Familien, Fachkräfte etc. (vgl. Amerein 2019).

Die Aussagekraft der externen Evaluation ist dabei abhängig vom eingesetzten Verfahren und der Sichtweise des Evaluierenden. Die untersuchten Qualitätskriterien der verschiedenen Verfahren sind keineswegs einheitlich, auch wenn sich viele Anbietende an den vorliegenden Bildungsplänen der Länder orientieren. Trägerspezifische Wünsche und Schwerpunkte, zum Beispiel hinsichtlich der religionspädagogischen Qualität der Einrichtung, können durch allgemeingültige trägerübergreifende Verfahren nicht abgebildet werden. Aus diesem Grund haben unter anderem der Verband katholischer Tageseinrichtungen (KTK) und die Bundesvereinigung evangelischer Tageseinrichtungen für Kinder (BETA) trägerspezifische Evaluationsverfahren entwickelt. Mit diesen Verfahren lassen sich zwar spezifische Qualitätsfragen der Träger besser beantworten, allerdings lässt sich **keine direkte Vergleichbarkeit mit anderen Trägern** herstellen.

Die eingesetzten Methoden zur Erfassung der pädagogischen Qualität bei der externen Evaluation sind mannigfaltig und stellen einen **Mix aus Beobachtungen, Einschätzungen, mündlichen und schriftlichen Befragungen sowie Dokumentenanalysen** (z.B. der pädagogischen Konzeption) dar. Nicht alle Verfahren verwenden dabei alle verfügbaren Methoden. Eine direkte Beobachtung der Fachkraft-Kind-Interaktion und die Einschätzung der Raum- und Materialqualität als Herzstücke der externen Evaluation gehören jedoch immer dazu. In jüngster Zeit wird die partizipative Notwendigkeit deutlich, auch die Perspektive der Kinder auf die Einrichtungsqualität zu berücksichtigen (vgl. Nentwig-Gesemann et al. 2017, 2021).

Methoden zur externen Evaluation einer Kindertageseinrichtung

- Dokumentenanalyse
- Beobachtung der Fachkraft-Kind-Interaktionen
- Beobachtung der Kind-Kind-Interaktionen
- Beobachtung der Fachkraft-Fachkraft-Interaktion
- Beobachtung der Fachkraft-Eltern-Interaktionen
- Einschätzung der Raumqualität
- Einschätzung der Materialauswahl und Materialpräsentation
- Mündliche Befragung von pädagogischen Fachkräften
- Fragebogenerhebung bei pädagogischen Fachkräften
- Mündliche Befragung der Kita-Leitung
- Fragebogenerhebung der Leitungsperspektive
- Mündliche Befragung eines Trägervertreters
- Fragebogenerhebung beim Träger
- Mündliche Befragung von Eltern
- Fragebogenerhebung bei Eltern

(vgl. Roth et al. 2012)

Die zu evaluierende Qualität muss unbedingt **auch die Träger- und Fachberatungsebene einbeziehen,** um eine Bewertung und Entwicklung aller eine Kindertageseinrichtung betreffenden Prozesse zu erreichen (vgl. ebd.). Eine Qualitätssicherung muss die Trägerebene, also die Trägerberatung zur Dienst- und Fachaufsicht, die alle Teile der Struktur- und Prozessqualität betrifft, umfassen. Eine Sicherung der pädagogischen Fachberatung und ihrer Qualität muss unbedingt erfolgen, damit diese den „aufsuchenden" Charakter für Kindertageseinrichtungen einnimmt und sowohl die Pädagogik der einzelnen Einrichtung als auch die inhaltliche Teamentwicklung begleitet und weiterentwickelt. Allerdings wird in den bislang vorliegenden Evaluationsverfahren die Qualität der Träger und der Fachberatungen noch nicht ausreichend berücksichtigt.

Die Weiterentwicklung der Kindertageseinrichtungen setzt gleichzeitig voraus, dass die Verfahren zur externen Evaluation **kein starres System** darstellen, sondern sich durch die Auseinandersetzung mit der Praxis und mithilfe von neuen Erkenntnissen aus Forschung und Wissenschaft **stetig weiterentwickeln.** Wichtig für die Entwicklung externer Evaluation mittels grundlegender Bildungsstandards ist auch, dass „Freiheitsräume" in der Arbeit der pädagogischen Fachkräfte erhalten bleiben und die Werte und Normen einzelner pädagogischer Konzeptionen Bestand haben können (vgl. Sell 2007).

Ist-Stand-Analyse und Anstöße zur Qualitätsentwicklung

Ein differenzierteres Vorgehen ist erforderlich, wenn es sich bei den Zielen der Evaluation um Anstöße zur Verbesserung von Maßnahmen oder um die Hilfestellung bei Entscheidungen handelt und nicht nur um die Feststellung der aktuellen pädagogischen Qualität der Einrichtung. In diesem Fall muss man davon ausgehen, dass die Ergebnisse wesentlich differenzierter sein müssen und darin nicht nur eine Feststellung des Status quo enthalten sein muss, sondern auch eine detaillierte **Analyse einzelner Aspekte,** bei denen es Anknüpfungspunkte für Veränderungen gibt sowie Ideen zur Verbesserung (vgl. Gasteiger-Klicpera 2012).

Das von Wehrmann Education Consulting (WEC) und der Forschungsgruppe Verhaltensbiologie des Menschen (FVM) entwickelte PromiK-Verfahren legt deshalb neben der Feststellung des Ist-Standes sehr viel Wert darauf, in umfangreichen schriftlichen und mündlichen Rückmeldungsschleifen Team und Leitung, aber auch Träger und Fachberatung **vielfältige Anstöße zur gezielten und beispielhaften Weiterentwicklung von Qualitätsaspekten** zu geben, die bislang noch nicht im Blick waren oder noch differenzierter gestaltet werden könnten.

Exkurs: PromiK – ein Evaluationsverfahren zur Feststellung und Weiterentwicklung pädagogischer Qualität in Kindertageseinrichtungen

Im Zuge der Bildungsdiskussion im Elementarbereich, das heißt für Kinder im Alter zwischen 0 und 6 Jahren, steht die Forderung im Raum, **Bildungsgerechtigkeit und Chancengleichheit für alle Kinder** zu gewährleisten – unabhängig davon, welchen sozialen Hintergrund sie haben, welchen Bildungsstand oder welche Nationalität ihre Eltern haben, aber auch in welcher Region die Kinder aufwachsen und in welche Einrichtung sie aufgenommen worden sind. Fast zwei Drittel befragter Expert:innen aus dem gesamten Bildungssektor sind der Meinung, „dass unser Bildungssystem mehr leisten müsste, um Chancengleichheit herzustellen" (Cornelsen Verlag GmbH 2023, S. 12).

Chancengleichheit kann nur gegeben sein, wenn eine **hohe Betreuungsqualität** in Form einer guten Struktur-, Orientierungs- und Prozessqualität in allen Einrichtungen der Kindertagesbetreuung gewährleistet ist. Wichtig hierfür ist ein professionelles, qualifiziert geleitetes Team, welches von qualitätsbewussten Trägern und Fachberatungen unterstützt wird. Dafür darf der Begriff der Qualität nicht beliebig von politischen Verantwortungsträgern, von Kommunen und privaten Betreibern definiert und festgelegt werden. Vorhandene Qualitätsdefizite können nur aufgedeckt, Optimierungsstrategien nur dann entwickelt werden, wenn es eine **wissenschaftlich begründete und zuverlässige Qualitätsanalyse** gibt, die die gegebene Qualität in der Kita auf Basis einer externen Evaluation erhebt. Nur so kann **gewünschte Qualität von tatsächlicher Qualität unterschieden** werden.

Aus diesem Grund haben WEC und FVM ein umfassendes Verfahren zur Messung und Weiterentwicklung von Qualität und Professionalität in Kindertageseinrichtungen entwickelt (Wehrmann et al. 2017). „PromiK – Professionalität messen in Kitas“ überprüft die Struktur-, Prozess- und Orientierungsqualität von Kindertageseinrichtungen mittels externer Evaluation (www.promik.eu). Das Verfahren evaluiert sowohl Räume und Ausstattung als auch die Qualität und Professionalität von Team und Leitung im Alltag sowie die Unterstützungsqualität des Trägers und der Fachberatung. Die Auswertung einer Erhebung mit PromiK ermöglicht ein **realitätsnahes, einrichtungsspezifisches Feedback an Team und Träger inklusive Hinweise auf Ressourcen sowie auf gezielten Fortbildungsbedarf** und Schulung zur kontinuierlichen Selbstevaluation und Qualitätsweiterentwicklung.

Das Besondere an PromiK

Das Verfahren ist

- konzeptionsunabhängig,
- trägerunabhängig,
- bildungsplanübergreifend (kompatibel mit allen 16 Bildungsplänen) und
- für Krippe, Kindergarten und Hort verwendbar.

Insgesamt gesehen fragt PromiK: Wo stehen wir als Einrichtung? Wo müssen/wollen wir nachlegen? Die Evaluation durch PromiK beinhaltet eine **ressourcenorientierte Qualitätsfeststellung.**

PromiK ermöglicht eine ressourcenorientierte Aussage über den Ist-Stand.

Sie dient zur Feststellung des Ist-Standes, nimmt dabei aber nicht nur eventuell vorhandene Qualitätsdefizite in den Blick und zeigt beispielhaft, welche Wege zur Professionalisierung eingeschlagen werden können, um die Qualität zu steigern, sondern verdeutlicht auch die Bereiche, die sich im Alltag bereits als sehr gelungen darstellen. Auf diese Weise kann sich die Einrichtung hiermit schon profilieren und diese **„Schätze“ in andere Bereiche übertragen.** Nach einem gemeinsamen Auswertungsgespräch mit Leitung und Team wird der jeweilige Professionalisierungs- und Fortbildungsbedarf individuell – einrichtungsspezifisch – ermittelt. Auch der Träger bekommt eine konkrete Rückmeldung zu seinem Handlungs- und Unterstützungsbedarf.

PromiK ermittelt den individuellen Weiterentwicklungsbedarf einer Einrichtung samt Träger.

Grundlage der Evaluation sind systematische **externe Beobachtungen**. Das PromiK-Verfahren wird **bei laufendem Betrieb** eingesetzt, das heißt, die Beobachtungen werden **vor Ort im Alltag der Einrichtung** durchgeführt und die Ergebnisse anhand eines vierstufigen Ratingverfahrens ausgewertet. Die Auswertung erfolgt nach **wissenschaftlich begründeten Standards**, die entwicklungs- und bildungsfördernd weit über die gesetzliche Sicherung des Kindeswohls hinausgehen.

Qualitätsstandards gehen weit über die gesetzliche Sicherung des Kindeswohls hinaus.

Durch dieses Auswertungsvorgehen wird es für die Kitas möglich, sich auf der Basis der Rückmeldung in ihren starken Bereichen bewusst zu **profilieren** und gleichzeitig **Ansatzpunkte zur nötigen Weiterentwicklung** zu erkennen. Das Einschätzverfahren PromiK arbeitet mit 13 Handlungsfeldern, die eine Entwicklungsbegleitung von Kindern unter drei Jahren und über drei Jahren im Innenbereich der Einrichtung wie auch im Außengelände auf Professionalität überprüfen. In den Handlungsfeldern werden **aktuelle pädagogische Ansätze** für professionelles Arbeiten aufgegriffen. Dabei werden auch besondere Herausforderungen an Einrichtungen wie diversitätsorientierte Inklusion, Resilienzförderung, Flexibilisierung, große Altersmischung von 0 bis 6 Jahren und Offene Arbeit in den Blick genommen und analysiert.

Mit folgenden **Handlungsfeldern** wird die Professionalität der Fachkräfte überprüft:

- Entwicklungs- und Bildungsbegleitung
- Raum und Ausstattung innen
- Raum und Ausstattung außen
- Alltagsgestaltung
- Körperliches und psychisches Wohlbefinden, Gesundheit
- Haltung, Wertevermittlung und Partizipation
- Diversitätsorientierte Inklusion
- Altersmischung

Zu diesen acht Handlungsfeldern auf Fachkraftebene kommen weitere fünf Handlungsfelder auf Leitungsebene, auf Trägerebene sowie auf der Ebene von Unterstützungssystemen wie der Fachberatung und die Ebene der Strukturqualität hinzu. Die Handlungsfelder nehmen in ihrer Umsetzung direkt oder indirekt Einfluss auf die beim Kind ankommende Qualität, beschreiben definierte Bildungs- und Entwicklungsbereiche und sind unterteilt in über 50 Merkmale, die größtenteils direkt beobachtbar sind. Die Merkmale beschreiben ein Handlungsfeld genauer, stellen beobachtbare Teilaspekte der pädagogischen Arbeit dar und bestehen wiederum aus circa 300 verschiedenen Indikatoren, die anhand von rund 1.500 beobachtbaren Beispielen greifbar werden. Diese vier Analysestufen (Handlungsfelder ▷ Merkmale ▷ Indikatoren ▷ Beispiele) gewährleisten einen **möglichst differenzierten Blick** der Evaluator:innen bei der Erhebung. Die Objektivität der Einschätzung wird auch dadurch gewährleistet, dass sie anhand eines Ratingsystems erfolgt, für das die Beobachtenden eine Schulung mit mehrfachem Praxistraining erhalten und dabei eine Übereinstimmung (Reliabilität) in den Einschätzungen mit den Trainierenden von mindestens 75 Prozent erreicht haben müssen, bevor sie selbst erheben dürfen.

Die zahlreichen konkreten Beispiele für Anzeichen hoher Professionalität ermöglichen eine **gute Nachvollziehbarkeit** der externen Einschätzung für das Team, die Leitung und den Träger.

Die Unterstützungsqualität von Trägern und Fachberatungen wird auf der Basis von detaillierten Fragebögen erhoben. Somit werden alle Unterstützungssysteme/Protagonisten in den Blick genommen und eine hohe Qualitätssicherung in allen Verantwortungsbereichen möglich. Die Qualität auf fünf Ebenen wird mit unterschiedlichen Instrumenten erfasst:

- Pädagogische Fachkräfte (eingeschätzt durch Beobachtung und Interview)
- Leitung (eingeschätzt durch Interview und Fragebogen)
- Träger (eingeschätzt durch Fragebogen)
- Fachberatung/Unterstützungssystem (eingeschätzt durch Fragebogen)
- Struktur (erfasst durch Fragebögen)

Die Strukturqualität, das heißt die Rahmenbedingungen der jeweiligen Einrichtung, wird zwar miterfasst, fließt aber nicht in die Bewertung der Professionalität ein, um eine Einrichtung zum Beispiel nicht für unverschuldete finanzielle Rahmenbedingungen zu kritisieren. Allerdings geht in die Bewertung positiv mit ein, wenn eine ungenügende Strukturqualität von Team und den Unterstützungssystemen als Herausforderung verstanden und ihr professionell begegnet wird.

Benefits einer externen Evaluation mit PromiK für Kita und Träger

Das Verfahren

- erhebt den Ist-Zustand der Qualität einer Einrichtung,
- erkennt Spitzenleistung zur Profilierung und Entwicklungsbedarf zur Qualitätssteigerung,
- unterstützt die Eigeninitiative des Teams für gezielte qualitätsbewusste Weiterentwicklung
- profiliert (auf Wunsch) für einzelne Themenschwerpunkte, zum Beispiel „Diversität leben und beantworten".

Kurzer Einblick in das PromiK-Instrument

Um die Handlungsfelder, Merkmale, Indikatoren sowie Beispiele anschaulich zu machen, werden im Folgenden ausgewählte Handlungsfelder, Merkmale, Indikatoren und Beispiele des PromiK-Instruments für die fünf Ebenen dargestellt, die für die Qualität im pädagogischen Alltag verantwortlich sind (Fachkräfte, Leitung, Träger und Fachberatung/Unterstützungssysteme und Strukturen).

FACHKRAFTEBENE

Handlungsfeld: Entwicklungs- und Bildungsbegleitung
Merkmal: Beziehung und Interaktion
Indikator: Individuelle Konfliktbegleitung
Beispiele: Hilfestellung beim Lösen von Konflikten geben; Konflikte als soziale Lernprozesse begreifen, die von den Kindern mitunter auch selbst gelöst werden können, d.h., nicht immer intervenieren; beruhigen, trösten; altersgemäße Konfliktfähigkeit und Bewältigungskompetenz berücksichtigen (Ich-Bewusstsein); Übersetzungshilfe bezüglich der Ab-

sichten, Pläne und Ideen der Konfliktpartner; Wertschätzung für Konfliktbewältigung signalisieren; selbst gewählte Konfliktlösestrategien und erreichte Verständigung wertschätzen und unterstützen.

Handlungsfeld: Raum und Ausstattung (innen)
Merkmal: Soziale Erfahrungen, Ich und die Gruppe, Partizipation und Autonomie
Indikator: Selbsterfahrung und Selbstwirksamkeit
Beispiele: Portfolio; Präsentieren von Kinderwerken; Ich: Spezialist:in für:..; mein persönlicher Platz in der Kita; Raum mit Platz für eigene Spuren und Aktivitäten bieten; Entwicklung und Erprobung von Ordnungssystemen; Eigentumsfächer; eigener Haken; eigenes Bild; Familienplakate; Kleingruppenfotos; eigenständiger Zugang zu Räumen möglich; eigenständige Nutzung von Materialien möglich; eigenständige Gestaltung der Räume möglich; Abbildungen und Dekoration auf den unterschiedlichen Augenhöhen der Kinder oder auf dem Fußboden; ersteigbare Wickeltische; Spiegel zum Beobachten eigener Handlungen; Tierhaltung; gut ausgestattete Rollenspielbereiche oder „Theaterinseln" (mit Schminke, Bühne, Verkleidungsgegenständen wie Berufskleidung, Uniformen, Kleidung aus verschiedenen Kulturen, Perücken, Brillen, Werkzeugkasten, Arztkoffer, „Schule").

Handlungsfeld: Haltung, Wertevermittlung und Partizipation
Merkmal: Haltung und Wertevermittlung
Indikator: Respekt gegenüber Kindern und Erwachsenen
Beispiele: Zynismus und Sarkasmus vermeiden; Ablehnung, Herabsetzung und Bloßstellung von Kindern und Erwachsenen vermeiden; bei Fehlverhalten selbiges eingestehen; beim Gespräch mit einem Kind auf Augenhöhe gehen; Äußerungen jedes Kindes ernst nehmen; Kinder über körperliche Nähe und Distanz selbst entscheiden lassen und die Entscheidung respektieren; wichtige Entscheidungen für das Kind begründen.

LEITUNGSEBENE

Handlungsfeld: Planung und Kontrolle
Merkmal: Konzeption
Indikator: Professionelle Konzeptionsentwicklung
Beispiele: Aktualität; gemeinsame Entwicklung im Team; Einbeziehen des Trägers; Einbezug der Elternvertretung; Berücksichtigen aktueller fachlicher Entwicklungen; Verweise auf Fachliteratur und das jeweilige Bildungsprogramm/Orientierungsplan; Verweis auf Trägerkonzept; Umformulierung bei Neuaufnahme von Kindern unter drei Jahren; Umformulierung bei Aufnahme vieler Kinder mit nicht deutscher Muttersprache; Umformulierung bei Aufnahme von Kindern mit Beeinträchtigungen.

TRÄGEREBENE

Handlungsfeld: Organisationsentwicklung und Management
Merkmal: Rahmenbedingungen
Indikator: Wissen um Rahmenbedingungen für gute Strukturqualität
Beispiele: Wissen um detaillierte Rahmenbedingungen für gute Strukturqualität für den Bereich Kindertageseinrichtungen; Festlegen verbindlicher Qualitätsstandards für Einrichtungen; Qualitätsstandards im pädagogischen Alltag ermöglichen; Wissen um gesetzliche Neuerungen.

UNTERSTÜTZUNGSSYSTEME UND FACHBERATUNG

Handlungsfeld: Gewährleistung eines qualitativ guten Unterstützungssystems und Professionalität der Fachberatung
Merkmal: Fachberatung
Indikator: Fort- und Weiterbildungen
Beispiele: Planung, Organisation und Durchführung von Fortbildungsangeboten; Bedarfsanalyse des Fortbildungs-Bedarfs der Kitas; bei Bedarf Vermittlung externer Referent:innen zu bestimmten Themen

(z.B. Konzeptionsentwicklung, Implementierung des Bildungsprogramms/ Orientierungsplans, Sprachförderung, Beobachtung und Dokumentation).

STRUKTUREN

Handlungsfeld: Bereitstellen guter Strukturqualität

Merkmal: Fachkraft-Kind-Relation

Indikator: Angemessene Fachkraft-Kind-Relation in Krippen bzw. Krippengruppen

Beispiele: Personalschlüssel: 1:2,6; Fachkraft-Kind-Relation 1:3,5; für die einzelnen Jahrgänge unter 3 Jahren gilt: Je jünger die Kinder sind, umso weniger Kinder kommen auf eine Fachkraft; Fachkraft-Kind-Relation wird auch bei Urlaub, Krankheit etc. aufrechterhalten.

Evaluationsverlauf in der Kita

Eine Erhebung vor Ort startet damit, dass ein:e Erheber:in ein vorbereitendes Gespräch mit der Leitung und bei Bedarf mit dem Träger führt. Fragebögen für Einrichtungsleitung, Gruppenleitungen sowie Träger und Fachberatung erfassen die strukturellen Rahmenbedingungen. Am Erhebungstag besuchen ein oder zwei in PromiK geschulte Evaluator:innen die Kindertageseinrichtung. Im Rahmen der Evaluation finden in den Gruppenräumen und in allen von den Kindern genutzten weiteren Bereichen (Flur, Sanitärbereich, Mehrzweckräume, Funktionsräume wie Bewegungsbereich, Atelier, Außengelände etc.) für jede Gruppe mehrstündige Beobachtungen statt. Im Anschluss an die Beobachtung einer Gruppe wird jeweils ein ein- bis zweistündiges Interview mit der Gruppenleitung geführt. Außerdem wird an einem der Beobachtungstage ein ein- bis zweistündiges Interview mit der Leitung durchgeführt. Für die Analyse der Interviews, Beobachtungen und der pädagogischen Konzeption wird eine Auswertung anhand festgelegter Kriterien vorgenommen.

PromiK sieht ein ausführliches Rückmeldegespräch vor.

Nach der Erhebung wird möglichst zeitnah im Rahmen eines mehrstündigen Treffens mit Team und Leitung eine Rückmeldung zu den beobachteten und bewerteten Situationen gegeben. Dabei haben Team und Leitung die Gelegenheit, Sachverhalte, die sich ihrer Meinung nach normalerweise anders darstellen oder an dem Beobachtungstag untypisch waren, aus ihrer Sicht wiederzugeben, was für den Ergebnisbericht berücksichtigt wird. Der abschließende Evaluationsbericht von circa 30 Seiten beschreibt detailliert, in welchen Handlungsfeldern und Merkmalen sich die Qualität und die Professionalität von Team und Leitung entsprechend darstellen und wo sich **Erweiterungsmöglichkeiten der bisherigen Qualität** ergeben bzw. mit welchen **Stärken** sich die **Einrichtung profilieren** kann. Dieser Bericht kann in einer Rückmeldeschleife noch einmal durch Team und Leitung ergänzt oder kommentiert werden. Der abschließende Bericht berücksichtigt diese Kommentare, sofern sie nach Ansicht der Erhebenden begründet und nachvollziehbar sind. Der Bericht geht an Leitung und Träger und ermöglicht beiden, gemeinsam zu überlegen, in welche Richtung die **zukünftige Weiterentwicklung** von Struktur-, Prozess- und Orientierungsqualität gehen soll, **welche Unterstützung benötigt** wird und wo **Veränderungs- und Fortbildungsbedarfe** zu Schlüsselsituationen für künftige Teambesprechungen anstehen.

Düx, G. & Knauf, T. (2023): Pädagogische Ansätze: Praxisorientierte Konzeptions- und Qualitätsentwicklung in Kindertageseinrichtungen. 4., erweiterte Aufl. Berlin: Cornelsen.

Laewen, H.-J. & Andres, B. (2022): Gut aufgehoben in der Kita. Zur Praxis einer professionellen Ethik. Freiburg: Herder.

Fink, H. & Weber, K. (2018): Qualitätsmanagement in der Kita: Methoden und Impulse zur Qualitätssicherung und -entwicklung – von Experten aus der Praxis. Berlin: Cornelsen.

Viernickel, S.; Fuchs-Rechlin, K.; Strehmel, P.; Preissing, Ch.; Bensel, J.; Haug-Schnabel, G. et al. (Hrsg.) (2016): Qualität für alle. Wissenschaftlich begründete Standards für die Kindertagesbetreuung. Freiburg: Herder.

Bremische Evangelische Kirche, Landesverband Ev. Tageseinrichtungen für Kinder (Hrsg.) (1999): Qualität für Kinder – zwischen Markt und Menschlichkeit: Analysen – Bedingungen – Konzepte. Seelze-Velber: Kallmeyer.

Ausblick

Eines ist klar: Deutschland muss **kinderfreundlicher** werden und die Entschlossenheit aufbringen, die **Zukunftschancen der heranwachsenden Generation zu einem obersten politischen Ziel zu machen.**

Eine **Bildungsoffensive Deutschland** könnte folgende Maßnahmen ergreifen:

- Einberufung eines nationalen Bildungsgipfels
- Schaffung eines verbindlichen finanziellen Rahmens für den Reformprozess (Zehn-Jahres-Masterplan)
- Bildung von „Runden Tischen" auf Bundes- und Länderebene
- Einführung von bundesweiten Qualitätsstandards (mit wissenschaftlicher Fundierung) durch ein Kita-Qualitätsgesetz
- Verpflichtung der Träger zur Qualitätssicherung
- Schaffung eines Bundes-Rahmenbildungsplans zur Orientierung für die Länder-Bildungspläne
- Vereinheitlichung der Hochschulausbildung für pädagogische Fachkräfte, Erhöhung der Ausbildungskapazitäten, bessere Qualifizierung und Verbesserung der Berufs- und Einstiegsmöglichkeiten
- Reform und Vereinfachung der politischen Zuständigkeiten

Diese zentralen Maßnahmen sollten **mit vielen weiteren Reformschritten auf der Praxisebene** einhergehen. Nicht zuletzt geht es darum, Schritt für Schritt ein **neues Verständnis von Erziehung, Bildung und Betreuung zu etablieren,** um in Krippe und Kita den Grundstein für gelingende Bildungsbiografien zu legen. Um zukünftig die **Qualität der Kindertagesbetreuung zu steigern,** sind weitergreifende Maßnahmen vonnöten. Dazu gehören:

- Steuerungsmaßnahmen wie zum Beispiel die Umsetzung der Bildungspläne und deren Überprüfung sowie systematische Qualitätsentwicklungs- und -sicherungsprozesse etwa in Form eines allgemeinen pädagogischen Gütesiegels

- Maßnahmen zur Weiterentwicklung professioneller Handlungskompetenzen frühpädagogischer Fachkräfte (wie die Weiterbildungsinitiative Frühpädagogische Fachkräfte, WiFF)
- Verstärkte Forschungsbemühungen

Die gute Kita als Regel statt als Ausnahme ist vermutlich nur zu erwarten, wenn diese Maßnahmen auf mehreren Ebenen ansetzen.

Literatur

Ahnert, L. (2004): Bindungserfahrungen außerhalb der Familie: Tagesbetreuung und Erzieherinnen-Kind-Bindung. In Ahnert, L. (Hrsg..) (2004): Frühe Bindung. Entstehung und Entwicklung. München: Ernst Reinhardt, S. 256-277.

Ahnert, L. (2007): Von der Mutter-Kind-Bindung zur Erzieherin-Kind-Beziehung? In F. Becker-Stoll & M. R. Textor (Hrsg.): Die Erzieherin-Kind-Beziehung – Zentrum von Bildung und Erziehung. Weinheim: Beltz, S. 31–41.

Ainsworth, M.; Blehar, M. C.; Waters, E. & Wall, S. (1978): patterns of attachment: A psychological study of the strange situation. Hillsdale Erlbaum Associates.

Ainsworth, M.D.S. & Bell, SM. (1974): Mother-infant interaction and the development of competence. In: K.J: Connolly & J. Bruner: The growth of competence (pp. 97–118). London/New York: Academic Press. Deutsche Fassung (2003): Die Interaktion zwischen Mutter und Säugling und die Entwicklung von Kompetenz. In: K.-H. Grossmann & K. Grossmann (Hrsg.): Bindung und menschliche Entwicklung. John Bowlby, Mary Ainsworth und die Grundlagen der Bindungstheorie. Stuttgart: Klett-Cotta, S. 217–241.

Alemzadeh, M. (2012): Zeitlupe. Dem Tag mit Kleinstkindern Qualität geben. Kleinstkinder in Kita und Tagespflege 5, 8–11.

Alemzadeh, M. (2023): Partizipatorische Eingewöhnung. Übergänge sensibel begleiten. Freiburg: Herder.

Amerein, B. (2019): Qualität durch Evaluation. In R. Strätz (Hrsg.): Das große Handbuch – Qualitätsmanagement in der Kita. Köln: Wolters Kluwer, S. 343–380.

Anders, Y. (2018): Qualitätsentwicklung in Kindertageseinrichtungen: Die Rolle von Evaluationsstudien. Journal of Childhood and Adolescence Research (4), 483–488.

azubi.de (2023): Gehalt in der Ausbildung als Pflegefachmann/frau. Online unter: www.azubi.de/beruf/ausbildung-pflegefachfrau/gehalt (letzter Zugriff am 10.06.2023).

bagljae – Bundesarbeitsgemeinschaft der Landesjugendämter (2000): Qualität in Kindertageseinrichtungen. Online unter: www.kindergartenpaedagogik.de/fachartikel/qualitaet und qualitaetssicherung/qualitaet-standards-forderungen-studien/78/ (letzter Zugriff am 3.10.2023).

Ballman, A.E (2019): Seelenprügel. Was Kindern in Kitas wirklich passiert und was wir dagegen tun können. München: Kösel.

Ballmann, A.E. (2020): Seelenprügel – Was Kindern in Kitas wirklich passiert. Und was wir dagegen tun können. Die wichtigsten Aussagen eines Debattenbuchs. In Frühe Kindheit 1, 32–39.

Bauer, J. (2008): Prinzip Menschlichkeit. Warum wir von Natur aus kooperieren. Hamburg: Hoffmann und Campe.

Becker-Stoll, F. & Textor, M.R. (Hrsg.): Die Erzieherin-Kind-Beziehung – Zentrum von Bildung und Erziehung. Weinheim: Beltz.

Bensel, J. (2023): Wildes und gewagtes Spiel. Risikokompetenz bei Kindern fördern. kindergarten heute wissen kompakt. Freiburg: Herder.

Bensel, J.; Haug-Schnabel, G. & Kremers, J. (2020): Kinderängste verstehen und achtsam begleiten. kindergarten heute wissen kompakt. Freiburg im Breisgau: Herder.

Bensel, J., Haug-Schnabel, G. & Martinet, F. (2018): Der Übergang von der Familie in die Kindertageseinrichtung. In: T. Schmidt & W. Smidt (Hrsg.): Handbuch empirische Forschung in der Pädagogik der frühen Kindheit. Münster: Waxmann, S. 487–506.

Bensel, J.; Martinet, F. & Haug-Schnabel, G. (2016): Raum und Ausstattung in Kindertageseinrichtungen und Kindertagespflege. In: S. Viernickel et al. (Hrsg.): Qualität für alle. Wissenschaftlich begründete Standards für die Kindertagesbetreuung. 3. Aufl. Freiburg: Herder, S. 317–402.

Bertelsmann Stiftung (Hrsg.) (2022): Kita-Personal braucht Priorität! KiTa-Personal braucht Priorität! Online unter: www.bertelsmann-stiftung.de/de/kita-personal-braucht-prioritaet (letzter Zugriff am 06.11.2023).

Bertelsmann Stiftung (Hrsg.) (2023): Fachkräfte-Radar für KiTa und Grundschule 2023 Deutschland (DE). Online unter: https://www.bertelsmann-stiftung.de/de/publikationen/publikation/did/fachkraefte-radar-fuer-kita-und-grundschule 2023 (letzter Zugriff am 29.11.2023).

Bethke, Ch.; Braukhane, K. & Knobeloch, J. (2009): Bindung und Eingewöhnung von Kleinkindern. Troisdorf: Bildungsverlag EINS.

Bläsius, J. (2020): Spielen mit Aktionstabletts: Feinmotorik. Freiburg: Herder.

BMEL – Bundesministerium für Ernährung und Landwirtschaft (2020): Gesunde Ernährung in Kitas nach Qualitätsstandards. Online unter: www.bmel.de/DE/themen/ernaehrung/gesunde-ernaehrung/kita-und-schule/qualitaetsstandards-kindertageseinrichtungen.html (letzter Zugriff am 03.11.2023).

BMFSFJ – Bundesministerium für Familie, Senioren, Frauen und Jugend (2016): Frühe Bildung weiterentwickeln und finanziell sichern. Zwischenbericht 2016 von Bund und Ländern und Erklärung der Bund-Länder-Kommission. Berlin.

Böcking, D. & Marquart, M. (2023): Wachstumsbremse Betreuungsmangel. Die Kitastrophe. In: DER SPIEGEL (48). Online unter: https://www.spiegel.de/wirtschaft/kita-mangel-wird-zum-risiko-fuer-die-wirtschaft-unternehmen-suchen-nach-eigenen-loesungen-a-302baadb-25b6-4e6e-a540-291e2b8be3b1?giftToken=85cb4b-00-2b90-4f30-8d94-965bc1979ab0&sara_ref=re-so-app-sh (letzter Zugriff am 25.11.2023).

Bogatzki, A. (2015): TOR schaffen – Transparenz, Orientierung, Resilienz. Ein Projekt zur resilienzfördernden Raumgestaltung in einer Kindertageseinrichtung in Berlin. KiTa-Fachtexte. Online unter: www.kita-fachtexte.de/fileadmin/Redaktion/Publikationen//KiTaFT_Bogatzki_2015.pdf (letzter Zugriff am 13.09.2023).

Boll, A. & Remsperger-Kehm, R. (2022): Verantwortlich handeln! Verletzendes Verhalten in der Kita gemeinsam verhindern. Kiliansroda: verlag das netz.

Bowlby, J. (2008): Bindung als sichere Basis. Grundlagen und Anwendung der Bindungstheorie. München/Basel: Ernst Reinhardt.

Brisch, K.H. (2013): Signale wahrnehmen. Meine Kita – Das didacta Magazin für den Elementarbereich, 3, 8–12.

Brockschnieder, F.-J. (2021): Reggio-Pädagogik. In: F. Martinet (Hrsg.): Pädagogische Ansätze in der Kita. Freiburg: Herder, S. 133–200.

Bundeszentrale für politische Bildung (2019): Öffentliche Bildungsausgaben. Online unter: www.bpb.de/kurz-knapp/zahlen-und-fakten/europa/135809/oeffentliche-bildungsausgaben/ (letzter Zugriff am 22.09.2023).

Cantzler, A. (2022): Peergroup-Eingewöhnung. Für Kita, Krippe und Kindertagespflege. Mülheim an der Ruhr: Verlag an der Ruhr.

Cantzler, A. (2023): Schätze finden statt Fehler suchen. Herausforderndes Verhalten verstehen in Kita, Krippe und Kindertagespflege. Freiburg: Herder.

Cornelsen Verlag GmbH (Hrsg.) (2023): Cornelsen Bildungsindex 2023. Berlin: Cornelsen. Online unter: file:///C:/Users/FMA/OneDrive%20-%20Verlag%20Herder%20GmbH/P%C3%A4dagogik%20Lektorat/03_Lektorate/Martinet/Fr%C3%BChjahr%2024/39826%20Wehrmann%20-%20Die%20gute%20Kita/39826%20Literatur/Cornelsen%20Bildungsindex.pdf (letzter Zugriff am 16.11.2023).

Datler, W.; Ereky-Stevens, K.; Hover-Reisner, N. & Malmberg, L.-E. (2012): Toddlers' transition to out-of-home day care: Settling into a new care environment. In: Infant Behavior and Development, 35 (3), 439–451.

de Rodriguez, A.S. (2020): Es geht auch ohne Strafen! Kinder auf Augenhöhe begleiten. 2. Auflage. München: Kösel.

Deutsche Gesetzliche Unfallversicherung (DGUV) (Hrsg.) (2008): Mit Kindern im Wald. Möglichkeiten und Bedingungen in einem natürlichen Spiel- und Lebensraum. Berlin: DGUV.

Deutscher Bundestag (2018): Gesetzentwurf der Bundesregierung vom 12.10.2018. Entwurf eines Gesetzes zur Weiterentwicklung der Qualität und zur Teilhabe in der Kindertagesbetreuung. Drucksache 19/4947. Online unter: https://dserver.bundestag.de/btd/19/049/1904947.pdf (letzter Zugriff am 15.09.2023).

Deutscher Verein für öffentliche und private Fürsorge e. V. (2018): Stellungnahme der Geschäftsstelle des Deutschen Vereins für öffentliche und private Fürsorge e. V. zum Entwurf eines Gesetzes zur Weiterentwicklung der Qualität und zur Teilhabe in der Kindertagesbetreuung (BT-Drucksache 19/4947) und zum Antrag der Fraktion BÜNDNIS 90/DIE GRÜNEN »Qualität in der Kindertagesbetreuung verbindlich und dauerhaft sicherstellen« (BT-Drucksache 19/5078) anlässlich der Anhörung im Ausschuss für Familien, Senioren, Frauen und Jugend des Bundestages am 5. November 2018, (DV 23/18) vom 29. Oktober 2018. Online unter: www.deutscher-verein.de/de/uploads/empfehlungen-stellungnahmen/2018/dv-23-18_kita-betreuung.pdf (letzter Zugriff am 28.10.2023).

Deutsches Kinderhilfswerk (o. J.): Wir fordern: Keine Kita ohne Außengelände. Online unter: www.dkhw.de/schwerpunkte/spiel-und-bewegung/politische-arbeit/keine-kitas-ohne-aussenflaechen/ (letzter Zugriff am 30.10.2023).

Diakonie in Niedersachsen (2022): Diakonie in Niedersachsen stellt Ergebnisse ihrer Kita-Umfrage vor – Die Situation in Kitas ist alarmierend. Pressemeldung vom 28.10.2022.

Dilk, A. & Dupuis, A. (2011): Auf dem Weg zu einer inklusiven Kindertagesstätte. Berichte aus und für die pädagogische Praxis. Online unter: www.duvk.de/media/filer_public/b8/91/b8915683-c667-4ea3-ae32-50b3b5eb5444/handreichung_auf_dem_weg_zu_einer_inklusiven_kindertagesstatte.pdf (letzter Zugriff am 10.11.2023).

DJI – Deutsches Jugendinstitut (2023): Personalkrise in der Kindertagesbetreuung spitzt sich zu. Online unter: www.dji.de/veroeffentlichungen/pressemitteilungen/detailansicht/article/personalkrise-in-der-kindertagesbetreuung-spitzt-sich-zu.html (letzter Zugriff am 09.11.2023).

Dornes, M. (2009): Der kompetente Säugling. 14. Auflage. Frankfurt am Main: Fischer.

DPFA-Schulen gGmbH (2023): Bist du für den Erzieherberuf geeignet? Online unter: www.dpfa-erzieher.de/erzieher-werden/voraussetzungen-kosten (letzter Zugriff am 04.06.2023).

DV – Deutscher Verein für öffentliche und private Fürsorge e.V. (Hrsg.) (2016): Empfehlungen des Deutschen Vereins zur Implementierung und Ausgestaltung multiprofessioneller Teams und multiprofessionellen Arbeitens in Kindertageseinrichtungen. Berlin. Online unter: www.deutscher-verein.de/de/uploads/empfehlungen-stellungnahmen/2016/dv-34-14-multiprofessionelle-teams.pdf (letzter Zugriff am 03.11.2023).

Erath, P. & Amberger, C. (2000): Das KitaManagementKonzept. Kindertagesstätten auf dem Weg zur optimalen Qualität, 2. Auflage, Freiburg im Breisgau: Herder.

erzieherin-ausbildung.de (2023a): Inklusion im Kindergarten – Definition, Ziele, Grenzen und Beispiele. Online unter: www.erzieherin-ausbildung.de/praxis/fachpraktische-hilfe-fachtexte/inklusion-im-kindergarten-definition-ziele-grenzen-und (letzter Zugriff am 05.11.2023).

erzieherin-ausbildung.de (2023b): Medienerziehung und Medienkompetenz im Kindergarten – eine postmoderne pädagogische Herausforderung. Online unter: www.erzieherin-ausbildung.de/praxis/fachpraktische-hilfe-kita-leitung-fachtexte/medienerziehung-und-medienkompetenz-im (letzter Zugriff am 07.11.2023).

Espenhorst, N. (2021): Perspektiven für die finanzielle Beteiligung des Bundes. Online unter: www.wolterskluwer.com/de-de/expert-insights/perspektiven-finanzielle-beteiligung-bund (letzter Zugriff am 07.11.2023).

Evanschitzky, P. & Zoller, S. (2021): Besser eingewöhnen! Fortschritt und Entwicklung im Münchener Modell. Weimar: verlag das netz.

Finger, F. (2023): Wenn ich einen Wunsch frei hätte … (oder mehrere). Kitas als sichere Orte für Kinder. In: K. Hohmann et al.: Kita(r)evolution. Zeit für Veränderung. Freiburg: Herder, S. 82–87.

Finger, F. (2024): Selbst aktiv statt fremd bestimmt. Gelingende Partizipation in Kita, Krippe und Kindertagespflege. Freiburg: Herder.

Fink, H (2022): Die Eingewöhnung in der Peer – das Tübinger Modell. In: Kita Fachtexte. Online unter: www.kita-fachtexte.de/fileadmin/Redaktion/Publikationen/220327_KitaFachtexte_Fink_02.pdf (letzter Zugriff am 15.11.2023).

Fonagy, P. & Target, M. (2003): Frühe Bindung und psychische Entwicklung. Gießen: Psychosozial-Verlag.

Fonagy, P.; Gergely, G.; Jurist, E.L. & Target, M. (2004): Affektregulierung, Mentalisierung und die Entwicklung des Selbst. Stuttgart: Klett-Cotta.

Franz, M. (2023): Auf Pfoten-Patrouille. TPS 11/23, 40–43.

Füchtenschneider, Ch. (2023): Mutig neue Wege gehen. Vom Müssen zum Wollen. In: K. Hohmann et al.: Kita(r)evolution. Zeit für Veränderung. Freiburg: Herder, S. 50–54.

Fukuda, K., & Asaoka, S. (2004): Delayed bedtime of nursery school children, caused by the obligatory nap, lasts during the elementary school period. Sleep and Biological Rhythms, 2(2), 129–134.

Gasteiger-Klicpera, B. (2012): Evaluation und Qualitätsentwicklung im Kontext frühpädagogischer Interventionsprogramme: Chancen und kritische Aspekte. Weiterbildungsinitiative Frühpädagogische Fachkräfte (WiFF). WiFF Expertise, Band 23. München: Deutsches Jugendinstitut.

Geisler, J. (2020): Die faire Kita. Nachhaltige Projekte, die Kinder begeistern. Freiburg: Herder.

Gerstenberg, F. & Cloos, P. (2021): Multiprofessionelle Zusammenarbeit und Inklusion in Kindertageseinrichtungen. Arbeitsmaterialien für die fallorientierte Lehre. Kompetenzzentrum Frühe Kindheit Niedersachsen der Stiftung Universität Hildesheim. Hildesheim.

GEW – Gewerkschaft Erziehung und Wissenschaft (2015): Index für Inklusion in Kindertageseinrichtungen. Gemeinsam leben, spielen und lernen. Handreichung für die Praxis. Für den Gebrauch in Deutschland überarbeitete Fassung des „Index for Inclusion". Developing play, learning and participation in early years and childcare. Frankfurt am Main.

GEW – Gewerkschaft Erziehung und Wissenschaft (2016): Kita-Finanzierung: Garantiert kompliziert. 06.05.2016. Online unter: www.gew.de/aktuelles/detailseite/kita-finanzierung-garantiert-kompliziert (letzter Zugriff am 03.10.2023).

GEW – Gewerkschaft Erziehung und Wissenschaft (2023): Personalschlüssel und Fachkraft-Kind-Relation in Kitas. Online unter: www.gew.de/kita/qualitaet/personalschluessel-und-fachkraft-kind-relation (letzter Zugriff am 25.10.2023).

GEW Berlin – Gewerkschaft Erziehung und Wissenschaft Berlin (2017): FAQs Zur Dienstvereinbarung (DV) mittelbare pädagogische Arbeit (mpA). Januar 2017. Online unter: www.

gew-berlin.de/fileadmin/media/sonstige_downloads/be/faq-dvmpa.pdf (letzter Zugriff am 02.11.2023).

GEW Rheinland-Pfalz – Gewerkschaft Erziehung und Wissenschaft Rheinland-Pfalz (2023): Freistellung für Leitungstätigkeiten in der Kita. Online unter: www.gew-rlp.de/kita-abc/leitungsfreistellung (letzter Zugriff am 03.11.2023).

GEW Sachsen – Gewerkschaft Erziehung und Wissenschaft Sachsen (2023): Für unsere Kolleg*innen unverzichtbar: Vor- und Nachbereitungszeit! Online unter: www.gew-sachsen.de/juhi/unsere-kernforderungen/mittelbare-paedagogische-arbeit-fuer-alle-fachkraefte (letzter Zugriff am 03.11.2023).

Göring-Eckardt, K.; Hofreiter, A. und Fraktion (2018): Antrag vom 17.10.2018. Qualität in der Kindertagesbetreuung verbindlich und dauerhaft sicherstellen. Drucksache 19/5078. Online unter: https://dserver.bundestag.de/btd/19/050/1905078.pdf (letzter Zugriff am 15.09.2023).

Griebel, W. & Niesel, R. (2015): Übergänge verstehen und begleiten. Transitionen in der Bildungslaufbahn von Kindern. 3. akt. Aufl. Berlin: Cornelsen.

Grieper, E. (2016): Körper- und Gesundheitspflege in der Krippe. Nifbe. Online unter: www.nifbe.de/component/themensammlung?view=item&id=434:koerper-und-gesundheitspflege-in-der-krippe (letzter Zugriff am 22.09.2023).

Groark, C.J.; McCall, R.B.; McCarthy, S.K.; Eichner, J. C. & Gee, A.D. (2013): Structure, caregiver-child interactions, and children's general physical and behavioral development in three central American institutions. In: International Perspectives in Psychology: Research, Practice, Consultation, 2 (3), 207–224.

Grossmann, K.E. & Grossmann, K. (2012/2021): Bindungen – das Gefüge psychischer Sicherheit. Stuttgart: Klett-Cotta.

Grossmann, K.E. (2000): Bindungsforschung im deutschsprachigen Raum und der Stand bindungstheoretischen Denkens. Psychologie in Erziehung und Unterricht, 47, 221–237.

Gutknecht, D. & Höhn, K. (2017): Essen in der Kinderkrippe. Achtsame und konkrete Gestaltungsmöglichkeiten. Freiburg: Herder.

Gutknecht, D.; Daldrop, K. & Kramer, M. (2017): Kinder bis drei Jahre in Krippe und Kita. kindergarten heute praxis kompakt. Freiburg: Herder.

Gutknecht, D. & Kramer, M. (2018): Mikrotransitionen gestalten. Achtsame und konkrete Gestaltungsmöglichkeiten. Freiburg: Herder.

Gutknecht, D.; Stehmeier, S. & Daldrop, K. (2021): Achtsam und responsiv: Das manuelle Handling in der Kita. Kita-Fachtexte. Online unter: www.kita-fachtexte.de/fileadmin/Redaktion/Publikationen/211006_KitaFachtexte_Gutknecht_01.pdf (letzter Zugriff am 13.11.2023).

Hansen, R.; Knauer, R. & Sturzenhecker, B. (2015): Partizipation in Kindertageseinrichtungen. So gelingt Demokratiebildung mit Kindern! Weimar, Berlin: verlag das netz.

Harrison, L.J. (2008): Does child care quality matter? Associations between socio-emotional development and non-parental child care in a representative sample of Australian children. In: Family matters, 79, 14–25.

Haug-Schnabel, G. (2012): Den Kleinsten Raum geben. Räume aktivieren für Entwicklungsqualität. (T)Räume für Kleine, Niedersächsischer Wettbewerb 2010/2011: Qualität in der Raumgestaltung für Krippen. Reihe Frühkindliche Bildung, Niedersächsisches Kultusministerium, Hannover.

Haug-Schnabel, G. (2016): Schlüsselsituationen in der Krippe konzeptionell verankern. Nifbe-Themenheft Nr. 28. Nifbe – Niedersächsisches Institut für frühkindliche Bildung und Entwicklung, Osnabrück.

Haug-Schnabel, G. (2020): Umgang mit aggressivem Verhalten von Kindern. Praxiskompetenz für Kitas. Freiburg im Breisgau: Herder.

Haug-Schnabel, G. & Bensel, J. (2015): Raumgestaltung in der Kita. Kindergarten heute praxis kompakt. Freiburg: Herder.

Haug-Schnabel, G. & Wehrmann, I. (Hrsg.) (2012): Raum braucht das Kind: Anregende Lebenswelten für Krippe und Kindergarten. Weimar, Berlin: verlag das netz.

Hédervári-Heller, É. (2008): Die Bindungstheorie. In: J. Maywald & B. Schön (Hrsg.): Wie frühe Betreuung gelingt. Fundierter Rat zu einem umstrittenen Thema. Weinheim und Basel: Beltz, S. 65–73.

Heimlich, U. & Ueffing C.M. (2018): Leitfaden für inklusive Kindertageseinrichtungen. Bestandsaufnahme und Entwicklung. Weiterbildungsinitiative Frühpädagogische Fachkräfte (WiFF), WiFF Expertise, Band 51. München. Online unter: www.nifbe.de/images/nifbe/Fachbeitr%C3%A4ge/2018/WEB_Exp_51_Heimlich_Ueffing.pdf (letzter Zugriff am 05.11.2023).

Heimlich, U. (2011): Qualitätsstandards in integrativen Kinderkrippen (QUINK). Kita-Fachtexte. Hrsg. Alice Salomon Hochschule, FRÖBEL-Gruppe und Weiterbildungsinitiative Frühpädagogische Fachkräfte (WiFF). Online unter: www.

kita-fachtexte.de/fileadmin/Redaktion/Publikationen/FT_heimlich_2011.pdf (letzter Zugriff am 10.11.2023).

Helle, G. & Fløgstad, T. R. (2020): Schaut mal, wie ich lerne! Das Zusammenspiel von Körper und Gehirn in der frühkindlichen Entwicklung. Berlin: Bananenblau.

Hildebrandt, F.; Scheidt, A.; Hildebrandt, A.; Hédervári-Heller, E. & Dreier, A. (2016): Sustained shared thinking als Interaktionsformat und das Sprachverhalten von Kindern. In: Frühe Bildung 5, 82–90.

Hohmann, K. (2021): Gemeinsam durch die Wut. Wie ein achtsamer Umgang mit kindlichem Verhalten die Beziehung stärkt. Limbach-Oberfrohna: Edition claus.

Hohmann, K. (2022): Augenhöhe statt Strafen. Beziehungsstark in Kita, Krippe und Kindertagespflege. Freiburg: Herder.

Hohmann, K. (2023): Wie willst du als Fachkraft sein? Der Einstieg in die Kita(r)evolution. In: K. Hohmann et al.: Kita(r)evolution. Zeit für Veränderung. Freiburg: Herder, S. 13–17.

Hohmann, K.; Wedewardt, L.; Finger, F.; Füchtenschneider, Ch.; Vasiliadis, H.; Sasse, H.; Lisowski, S.; Noß, A.; Grimm, L.H. (2023): Kita(r)evolution. Zeit für Veränderung. Freiburg: Herder.

Holdmann, H. (2019): „Viele sehen uns immer noch als Basteltanten" – eine Erzieherin erklärt die Personalnot in Kitas". stern.de, 08.01.2029. Online unter: www.stern.de/familie/kinder/extreme-personalnot-in-kitas--eine-erzieherin-erklaert-die-gruende-8521326.html#:~:text=Was%20macht%20den%20Job%20so%20unattraktiv%3F%20Die%20Hauptgr%C3%BCnde,immer%20von%20wenig%20Gehalt%20in%20der%20Ausbildung%20gesprochen. (letzter Zugriff am 15.05.2023).

Hörmann, K. (2014): Die Entwicklung der Fachkraft-Kind-Beziehung. Kita-Fachtexte. Online unter: www.kita-fachtexte.de/fileadmin/Redaktion/Publikationen/KiTaFT_hoermann_2014.pdf (letzter Zugriff am 14.11.2023).

Howes, C.; Phillips, D. A. & Whitebook, M. (1992): Thresholds of Quality: Implications for the Social Development of Children in Center-based Child Care. In: Child Development, 63 (2), 449–460.

idw – Informationsdienst Wissenschaft (2005): Frühpädagogik an der Uni Bremen: Profis in Kitas. 09.12.2005. Online unter: https://idw-online.de/de/news140146 (letzter Zugriff am 01.06.2023).

ISTA/Fachstelle Kinderwelten (Hrsg.) (2016a): Inklusion in der Kitapraxis #2 – Die Lernumgebung vorurteilsbewusst gestalten. Berlin: WAMIKI.

ISTA/Fachstelle Kinderwelten (Hrsg.) (2016b): Inklusion in der Kitapraxis #3 – Die Interaktion mit Kindern vorurteilsbewusst gestalten. Berlin: WAMIKI.

ISTA/Fachstelle Kinderwelten (Hrsg.) (2016c): Inklusion in der Kitapraxis #4 – Die Zusammenarbeit im Team vorurteilsbewusst gestalten. Berlin: WAMIKI.

Jansen, F. & Streit, U. (2015): Fähig zum Körperkontakt. Körperkontakt und Körperkontaktstörungen – Grundlagen und Therapie – Babys, Kinder & Erwachsene. IntraActPlus-Konzept. Berlin: Springer.

Jares, L. (2014): Die Kita im Stadtteil: Die Bedeutung von Sozialraumorientierung. Kindergarten heute, 44 (11-12), 30–34.

Jensen, H. (2019): Die Bedeutung des Spiels für die Entwicklung des Kindes. Online unter: www.kindergartenpaedagogik.de/fachartikel/freispiel-spiele/die-bedeutung-des-spiels-fuer-die-entwicklung-des-kindes/ (letzter Zugriff am 25.09.2023).

Jugendhilfeportal (2022): ver.di fordert bundeseinheitliche Qualitätsstandards für Kindertageseinrichtungen. Online unter: https://jugendhilfeportal.de/artikel/verdi-fordert-bundeseinheitliche-qualitaetsstandards-fuer-kindertageseinrichtungen (letzter Zugriff am 09.11.2023).

Juul, J. (2013): Dein kompetentes Kind: Auf dem Weg zu einer neuen Wertgrundlage für die ganze Familie. Hamburg, Berlin: Rowohlt.

Katzenbach, D. (2015): De-Kategorisierung inklusive? Über Risiken und Nebenwirkungen des Verzichts auf Etikettierungen. In: Ch. Huf & I. Schnell (Hrsg.): Inklusive Bildung in Kita und Grundschule. Stuttgart: Kohlhammer, S. 33–55.

Kazemi-Veisari, E. (2004): Kinder verstehen lernen. Wie Beobachten zu Achtung führt. TPS Profil. Seelze/Velber: Friedrich.

Kirschke, K. & Hörmann, K. (2014): Grundlagen der Bindungstheorie. KiTaFachtexte. Online unter: www.kita-fachtexte.de/fileadmin/Redaktion/Publikationen/KiTaFT_kirschke_hoermann_2014.pdf (letzter Zugriff am 02.10.2023).

Kita.de (2023): PiA: Wissenswertes über die praxisintegrierte Ausbildung zum Erzieher. Online unter: www.kita.de/wissen/pia-ausbildung/#1_Die_PIA_Ausbildung_wird_positiv_angenommen (letzter Zugriff am 09.11.2023).

Kita-Fachkräfteverbände in Deutschland (2021): Positionspapier für eine Kita-Politik von Bund und Ländern in der Legislaturperiode

2021–2025. 12 Forderungen für eine gute frühkindliche Bildung und Stärkung der Arbeit der pädagogischen Fachkräfte. Online unter: www.nifbe.de/images/nifbe/Aktuelles_Global/2021/Positionspapier_Bundetagswahl_fin_002.pdf (letzter Zugriff am 31.10.2023).

Klinkhammer, N.; Schacht, D.D.; Meiner-Teubner, Ch.; Kuger, S.; Kalicki, B. & Riedel, B. (Hrsg.) (2022): ERiK. Forschungsbericht II. Befunde des indikatorengestützten Monitorings zum KiQuTG. München: DJI.

Kluczniok, K.; Sechtig, J. & Roßbach, H.-G. (2012): Qualität im Kindergarten. Wie gut ist das Niveau der Kindertagesbetreuung in Deutschland und wie wird es gemessen? Online unter: www.erzieherin.de/qualitaet-im-kindergarten.html (letzter Zugriff am 20.09.2023).

Klusemann, S.; Rosenkranz, L.; Schütz, J.; Bock-Famulla, K. (2023): Professionelles Handeln im System der frühkindlichen Bildung, Betreuung und Erziehung. Auswirkungen der Personalsituation in Kindertageseinrichtungen auf das professionelle Handeln, die pädagogischen Akteur:innen und die Kinder. Weinheim, Basel: Beltz Juventa.

Kobelt Neuhaus, D., Macha, K. & Pesch, L. (2018): Der Situationsansatz in der Kita. Freiburg: Herder.

Kramer, M. & Gutknecht, D. (2018): Schlafen in der Kinderkrippe. Achtsame und konkrete Gestaltungsmöglichkeiten. Freiburg: Herder.

kununu (2023): Was verdient man als Erzieher:in? Gehalt & Verdienstunterschiede. Online unter: https://news.kununu.com/gehalt-als-erzieherin/ (letzter Zugriff am 09.11.2023).

Laewen, H.-J.; Andres, B. (2022): Gut aufgehoben in der Kita. Zur Praxis einer professionellen Ethik. Freiburg: Herder.

Laewen, H-J.; Andres, B. & Hédervári-Heller, É. (2011): Die ersten Tage. Ein Modell zur Eingewöhnung in Krippe und Tagespflege. Berlin: Cornelsen.

Laike, T. (1997): The impact of daycare environments on children's mood and behavior. Scandinavian Journal of Psychology, 38, 209–218.

Lammers, C.H. (2011): Emotionsbezogene Psychotherapie. Grundlagen, Strategien und Techniken. Stuttgart: Schattauer.

Landesverband Katholischer Kindertagesstätten Diözese Rottenburg Stuttgart e. V. (2014): Leitfaden zur Leitungsfreistellung. Stand 18.11.2014. Online unter: www.lvkita.de/media/files/Informieren/141118-Leitungsfreistellung-LV-Kita-DRS.pdf (letzter Zugriff am 03.11.2023).

Lange, U. (2019): Das Außengelände als Bildungsort. kindergarten heute, 4. Online unter: www.herder.de/kiga-heute/fachmagazin/archiv/2019-49-jg/4-2019/das-aussengelaende-als-bildungsort-eine-einfuehrung/ (letzter Zugriff am 08.11.2023).

Lange, U. (2022): Freispielimpulse: Draußen. Freiburg im Breisgau: Herder.

Liebel, M. (2020): Unerhört. Kinder und Macht. Weinheim: Beltz.

Luthar, S. (2006): Resilience in development: A synthesis of research across five decades. In: D. Cicchetti & D.J. Cohen (eds.): Developmental Psychopathology: Risk, disorder, and adaption. New York, NY: Wiley, S. 739–795.

Martinet, F. (Hrsg.) (2021): Pädagogische Ansätze in der Kita. Freiburg: Herder.

Maywald, J. (2019): Gewalt durch pädagogische Fachkräfte verhindern. Freiburg: Herder.

Mende, S. & Fuchs-Rechlin, K. (2022): „Dauerbaustelle" Erzieher:innenausbildung. Strukturen, Ausbildungsformate und Entwicklungen an Fachschulen für Sozialpädagogik. Weiterbildungsinitiative Frühpädagogische Fachkräfte (WiFF). WiFF Expertise, Band 35. München.

Methfessel, B.; Höhn, K. & Miltner-Jürgensen, B. (2016): Essen und Ernährungsbildung in der KiTa. Entwicklung – Versorgung – Bildung. Stuttgart: Kohlhammer.

Miklitz, I. (2020): Auf dem Weg zur plastikfreien Kita. Freiburg: Herder.

Ministerium für Arbeit, Soziales und Integration des Landes Sachsen-Anhalt (2019): Hinweise und Beispiele zur Anwendung des Mindestpersonalschlüssels gemäß § 21 Abs. 2 KiFöG. Stand 19.12.2019. Online unter: https://ms.sachsen-anhalt.de/fileadmin/Bibliothek/Politik_und_Verwaltung/MS/MS/4_KifoeG/2019/20191219_Hinweise_MS_Berechnung_Mindestpersonalschluesel.pdf (letzter Zugriff am 03.11.2023).

Moberg, K.U. (2016): Oxytocin, das Hormon der Nähe. Gesundheit – Wohlbefinden – Beziehung. Berlin: Springer.

Moore, G. T. (1986): Effects of the spatial definition of behavior settings on children's behavior: A quasi-experimental field study. In: Journal of Environmental Psychology, 6, 205–232.

Münch, M.-T. (2023): Rechtliche Verankerung von Fachberatung auf Bundes- und Landesebene. In: nifbe (Hrsg.): Fachberatung auf dem Weg zur Profession? Freiburg: Herder, S. 119–130.

NDR (2022): Diakonie SH: „Erzieher-Ausbildung muss vergütet werden". 15.03.2022. Online unter: www.ndr.de/nachrichten/schleswig-holstein/Diakonie-SH-Erzieher-Ausbildung-mussverguetet-werden,diakonie332.html (letzter Zugriff am 04.06.2023).

Nentwig-Gesemann, I.; Walther, B.; Bakels, E. & Munk, L.-M. (2021): Kinder als Akteure in Qualitätsentwicklung und Forschung. Eine rekonstruktive Studie zu KiTa-Qualität aus der Perspektive von Kindern. Gütersloh: Bertelsmann Stiftung.

Nentwig-Gesemann, I.; Walther, B. & Thedinga, M. (2017): Qualität aus Kindersicht – Die Quaki-Studie. Abschlussbericht. Kita-Qualität aus Kindersicht. Eine Studie des DESI-Instituts im Auftrag der Deutschen Kinder- und Jugendstiftung.

NICHD ECCRN (1999): Child Outcomes when child care center classes meet recommended standards for quality. In: American Journal of Public Health, 89, 1072–1077.

Niedersächsisches Kultusministerium (2023): Integrative Erziehung und Bildung in Tageseinrichtungen für Kinder im Kontext inklusiver Bildungsprozesse. Rahmenplan für eine berufsbegleitende Weiterbildung. 3. überarbeitete Fassung August 2023. Hannover. Online unter: www.mk.niedersachsen.de/startseite/service/publikationen/alle_publikationen/ (letzter Zugriff am 05.11.2023).

nifbe – Niedersächsisches Institut für frühkindliche Bildung und Entwicklung (2022a): „Das Kita-System steht vor dem Kollaps". Positionspapier vom 05.09.2022. Online unter: www.nifbe.de/images/nifbe/Aktuelles_Global/2022/Das_Kita_System_steht_vor_dem_Kollaps-Appell_der_Wissenschaft-31.8.2022.pdf (letzter Zugriff am 09.11.2023).

nifbe – Niedersächsisches Institut für frühkindliche Bildung und Entwicklung (Hrsg.) (2022b): Jedes Verhalten hat seinen Sinn. Herausfordernden Kindern in der KiTa begegnen. Freiburg: Herder.

nifbe (Hrsg.) (2023): Fachberatung auf dem Weg zur Profession? Freiburg: Herder.

P_WERK (2023): Die Mischung macht's: multiprofessionelle in Kitas arbeiten. Online unter: www.p-werk.de/blog-post/multiprofessionell-in-kitas-arbeiten (letzter Zugriff am 09.11.2023).

Pattinson, C.; Staton, S.; Smith, S.; Sinclair, D. & Thorpe, K. (2014): Emotional climate and behavioral management during sleep time in early childhood education settings. In: Early Childhood Research Quarterly, 29, 660–668.

Pergande, F. (2019): So viel Geld, und dann so viel Ärger. Frankfurter Allgemeine, 22.09.2019. Online unter: www.faz.net/aktuell/politik/inland/gute-kita-gesetz-so-viel-geld-und-dann-so-viel-aerger-16396918.html (letzter Zugriff am 15.09.2023).

Petmecky, A. (2010): Der Einfluss der Entwurfsqualität von Architektur auf die Aneignung und Bewertung von Kindertageseinrichtungen. Umweltpsychologie, 14 (1), 89–102.

Preissing, Ch.; Berry, G. & Gerszonowicz, E. (2016): Fachberatung im System der Kindertagesbetreuung. In: S. Viernickel et al. (Hrsg.): Qualität für alle. Wissenschaftlich begründete Standards für die Kindertagesbetreuung. 3. Aufl. Freiburg: Herder, S. 253–316.

Preissing, Ch. & Herrmann, K. (2023): Fachberatung als zentraler Schlüssel zur Qualitätsentwicklung. In: nifbe (Hrsg.): Fachberatung auf dem Weg zur Profession? Freiburg: Herder, S. 11–23.

Prengel, A.; Heinzel, F.; Reitz, S. & Winkelhofer, U. (2023): Reckahner Reflexionen zur Ethik pädagogischer Beziehungen, 3. Auflage. Reckahn: Rochow-Edition. Online unter: https://paedagogische-beziehungen.eu/wp-content/uploads/2023/09/lay6-seiter_Reckahner_Reflxtionen2023-1.pdf (letzter Zugriff am 03.10.2023).

prokita-portal.de (2020): Medienerziehung im Kindergarten: Chancen und Herausforderungen. Online unter: www.prokita-portal.de/bildungsbereiche-entwicklungsziele-kita/medienerziehung-kindergarten/ (letzter Zugriff am 07.11.2023).

Read, A.; Sugawara, A. I. & Brandt, J. A. (1999): Impact of space and color in the physical environment on preschool children's cooperative behavior. In: Environment and Behavior, 31, 413–427.

Remsperger, R. (2011): Sensitive Responsivität. Zur Qualität pädagogischen Handelns im Kindergarten. Wiesbaden: Verlag für Sozialwissenschaften.

Richter, S. (2022): Vorurteilen und Diskriminierung in der Kita begegnen. Freiburg: Herder.

Richter, S. (2024): Vorurteilen und Diskriminierung in der Kita begegnen. 40 Reflexionskarten für die Teamarbeit. Freiburg: Herder.

Ritz, M. (2008): Huch, Diskriminierung. Teil 2–3. Betrifft Kinder, 5/2008; 10/2008.

Rönnau-Böse, M. & Fröhlich-Gildhoff, K. (2020): Resilienz im Kita-Alltag. Was Kinder stark und widerstandsfähig macht. 3. Auflage. Freiburg: Herder.

Rosenberg, M. (2016): Gewaltfreie Kommunikation. Eine Sprache des Lebens. Paderborn: Junfermann.

Roth, O.; Pohlmann, U.; Bensel, J.; Haug-Schnabel, G. & Wehrmann, I. (2012): Finanzierungsstrukturen und Finanzierungs-systeme im Bereich von Kindertageseinrichtungen. Expertise im

Auftrag des Ministeriums für Familie, Kinder, Jugend, Kultur und Sport des Landes Nordrhein-Westfalen.

Roux, S. & Tietze, W. (2007): Effekte und Sicherung von (Bildungs-)Qualität in Kindertageseinrichtungen. In: Zeitschrift für Soziologie der Erziehung und Sozialisation, 27 (4), 367–384.

Sasse, H. (2023): Klar sorge ich für mich. Von Selbstfürsorge und Grenzen setzen. In: K. Hohmann et al.: Kita(r)evolution. Zeit für Veränderung. Freiburg: Herder, S. 58–65.

Schäfer, G. (2004): Bildung beginnt mit der Geburt. Berlin: Cornelsen.

Schäfer-Pichula, D. (2020): Pädagogische Qualitätskonzepte im Kontext der Qualitätsentwicklung. In: M.R. Textor & A. Bostelmann (Hrsg.): Das Kita-Handbuch. Pädagogische Qualitätskonzepte im Kontext der Qualitätsentwicklung. Online unter: www.kindergartenpaedagogik.de/fachartikel/qualitaet-und-qualitaetssicherung/qualitaetsfeststellung-qualitaetsmanagement/paedagogische-qualitaetskonzepte-im-kontext-der-qualitaetsentwicklung/ (letzter Zugriff am 09.11.2023).

Schmidt, T. & Smidt, W. (Hrsg.) (2018): Handbuch empirische Forschung in der Pädagogik der frühen Kindheit. Münster: Waxmann.

Schoener, J. (2023): Mehr Anschwung. In: Die Zeit, 20.04.2023. Online unter: www.zeit.de/2023/17/kitas-krise-fachkraeftemangel?utm_referrer=https%3A%2F%2Fwww.bing.com%2F (letzter Zugriff am 05.05.2023).

Schubert-Suffrian, F. & Regner, M. (2021): Partizipation in der Kita. 2. Auflage. Freiburg: Herder.

Sell, S. (2007): Grundlagen der Organisationsentwicklung in Bildungs- und Betreuungseinrichtungen. Remagen: ibus.

Söderström, M.; Boldemann, C. et al. (2013): The quality of the outdoor environment influences childrens health – a cross-sectional study of preschools. Acta Paediatrica, 102, 83–91.

Sommer, A. & Sechtig, J. (2016): Sozio-emotionale Interaktionsqualität vor dem Hintergrund einer erweiterten Altersmischung im Kindergarten. In Frühe Bildung 5(1), 13–21.

Smith, W. (1995): Child care in the 21st century: why educators should consider implementing it in their schools. In: Educational Technology, 35(2), 47–52.

Spitzer, M. (2007): Lernen: Gehirnforschung und die Schule des Lebens. Heidelberg, Berlin: Spektrum.

Stangl, W. (2021): Modelllernen. Online Lexikon für Psychologie und Pädagogik. Online unter: https://lexikon.stangl.eu/1881/modelllernen-lernen-am-modell/ (letzter Zugriff am

Steenberg, U. (2021): Montessori-Pädagogik. In: F. Martinet (Hrsg.): Pädagogische Ansätze in der Kita. Freiburg: Herder, S. 9–66.

Stolarova, M. (2019). „Entscheidend ist, was wirklich in den Kitas passiert". DJI Impulse 01/2019: „Frühe Bildung. Bilanz und Perspektiven für Deutschland". München: DJI. Online unter: www.dji.de/themen/kinderbetreuung/qualitaet-in-der-kita.html (letzter Zugriff am 08.11.2023).

Streffer, H. (2020): Was brauchen Kinder? Anschlussfähigkeit im Übergang von der Kita in die Grundschule. Perspektiven von Fach- und Lehrkräften in kooperativen Settings. Bad Heilbrunn: Klinkhardt.

Strehmel, P. (2020): Qualität sichern durch starke Leitung. Kita aktuell, 244–247. Online unter: www.nifbe.de/index.php/fachbeitraege-von-a-z?view=item&id=893#:~:text=Prozessqualit%C3%A4t%20bezieht%20sich%20auf%20die%20zentralen%20Interaktionsprozesse%20zwischen,der%20personalen%2C%20materiellen%20und%20r%C3%A4umlichen%20Ausstattung%20einer%20Einrichtung (letzter Zugriff am 22.09.2023).

Tellisch, C. & Prengel, A. (2022): Damit Kinder pädagogisch nicht mehr degradiert werden - Zahlen, Szenen und Schritte zu lebenswichtiger Anerkennung in Kitas und Schulen. In: Schule Lernen Bildung im 21. Jahrhundert. Gütersloh: Bertelsmann Stiftung. Online unter: https://schule21.blog/2022/09/28/damit-kinder-paedagogisch-nicht-mehr-degradiert-werden-zahlen-szenen-und-schritte-zu-lebenswichtiger-anerkennung-in-kitas-und-schulen/ (letzter Zugriff am 29.03.2023).

Tietze, W. (2008): Qualitätssicherung im Elementarbereich. Zeitschrift für Pädagogik, 53. Beiheft, Weinheim: Beltz. Online unter: www.pedocs.de/volltexte/2013/7267/pdf/Tietze_Qualitaetssicherung_im_Elementarbereich.pdf (letzter Zugriff am 13.09.2023).

Tietze, W.; Becker-Stoll, F.; Bensel, J.; Eckardt, A.G.; Haug-Schnabel, G.; Kalicki, B.; Keller, H. & Leyendecker, B. (Hrsg.) (2013): NUBBEK. Nationale Untersuchung zur Bildung, Betreuung und Erziehung in der frühen Kindheit. Weimar, Berlin: verlag das netz.

Unicef (2022): Konvention über die Rechte des Kindes. Online unter: www.unicef.de/_cae/resource/blob/194102/3828b8c72fa8129171290d21f3de9c37/d0006-kinderkonvention-neu-data.pdf (letzter Zugriff am 06.11.2023).

van Dieken, C. (2014): Was macht eine gute Krippe aus? In: Frühe Kindheit 1, 34–36.

ver.di – Vereinigte Dienstleistungsgesellschaft (2022): Tarifrunde für den Sozial- und Erziehungsdienst. ver.di-Forderungen für Kita-Leiterinnen und Kita-Leiter. 24.02.2022. Online unter: https://mehr-braucht-mehr.verdi.de/++file++6218a59efb3c54272b8b6699/download/2022-02_TR_SuE_ErzieherInnen_verdi-Forderungen.pdf (letzter Zugriff am 03.11.2023).

Verband KiTa-Fachkräfte Rheinland-Pfalz (2023): Positionspapier zur rheinland-pfälzischen KiTa-Politik. Online unter: https://kitafachkraefteverband-rlp.de/wp-content/uploads/2021/04/Positionspapier-des-Kitafachkraefteverbandes-RLP-zur-Legislaturperiode-2021-2026.pdf (letzter Zugriff am 09.11.2023).

Vermeer, H.J. & van Ijzendoorn, M.H. (2006): Child & Family Studies and Data Theory. Leiden University, The Netherlands. Early Childhood Research Quarterly 21, 390–401.

Viernickel, S. & Fuchs-Rechlin, K. (2016): Fachkraft-Kind-Relationen und Gruppengrößen in Kindertageseinrichtungen. Grundlagen, Analysen, Berechnungsmodell. In: S. Viernickel et al. (Hrsg.): Qualität für alle. Wissenschaftlich begründete Standards für die Kindertagesbetreuung. 3. Aufl. Freiburg: Herder. S. 10–130.

Viernickel, S.; Fuchs-Rechlin, K.; Strehmel, P.; Preissing, Ch.; Bensel, J.; Haug-Schnabel, G. et al. (Hrsg.) (2016): Qualität für alle. Wissenschaftlich begründete Standards für die Kindertagesbetreuung. Freiburg: Herder.

Völkel, P. & Viernickel, S. (2009): Vorwort der Herausgeberinnen. In: Ch. Bethke; K. Braukhane & J. Knobeloch (Hrsg.): Bindung und Eingewöhnung von Kleinkindern, 5. Troisdorf: Bildungsverlag EINS.

Vollmer, K. (2021): Fachwörterbuch Kita. 12. Auflage. Freiburg: Herder.

Wagner, P. (Hrsg.) (2022): Handbuch Inklusion. 4. Auflage. Freiburg: Herder.

Wedewardt, L. (2020). Interview zum Thema Ausbildung und Auswahlverfahren: Ein Interview mit Dr. Anke Elisabeth Ballmann, Folge 34. Der Kita Podcast für bedürfnisorientierte Kinderbetreuung. Online unter: https://podtail.com/de/podcast/der-kita-podcast/34-anke-elisabeth-ballmann-im-interview-zum-thema-/ (letzter Zugriff am 11.11.2023).

Wedewardt, L. (2022): Wörterzauber statt Sprachgewalt. Achtsam sprechen in Kita, Krippe und Kindertagespflege. Freiburg: Herder.

Wedewardt, L. (2023): Ankommen dürfen statt loslassen müssen. Bedürfnisorientierte Eingewöhnung in Kita, Krippe und Kindertagespflege. Freiburg: Herder.

Wedewardt, L. & Cantzler, A. (2022): Sich seiner selbst bewusst sein. Biografische Selbstreflexion. Freiburg: Herder.

Wedewardt, L. & Hohmann, K. (2021): Kinder achtsam und bedürfnisorientiert begleiten in Krippe, Kita und Kindertagespflege. Freiburg: Herder.

Weegmann, W. (2021): Kita-Qualität: Die Verantwortung liegt beim Träger. ErzieherIn.de. Online unter: www.erzieherin.de/kita-qualitaet-die-verantwortung-liegt-beim-traeger.html (letzter Zugriff am 15.09.2023).

Wehrmann, I. (2008): Deutschlands Zukunft: Bildung von Anfang an. Weimar, Berlin: verlag das netz.

Wehrmann, I. (Hrsg.) (2009): Starke Partner für frühe Bildung: Kinder brauchen gute Krippen: Ein Qualitäts-Handbuch für Planung, Aufbau und Betrieb. Weimar, Berlin: verlag das netz.

Wehrmann, I. (2023): Der Kita-Kollaps. Warum Deutschland endlich auf frühe Bildung setzen muss! Freiburg: Herder.

Wehrmann, I.; Haug-Schnabel, G. & Bensel, J. (2017): Professionalität in Kitas lässt sich messen und steigern! PromiK – ein neues Evaluationsverfahren zur Feststellung und Weiterentwicklung pädagogischer Qualität in Kindertageseinrichtungen. S. 222–227. In: R. Zimmer & I. Hunger (Hrsg.): Gut starten. Bewegung – Entwicklung – Diversität. Das Buch zum 10. Osnabrücker Kongress „Bewegte Kindheit 2016". Schorndorf: Hofmann.

Weltzien, D.; Fröhlich-Gildhoff, K.; Rönnau-Böse, M. & Wünsche, M. (2016): Gefühl und Mitgefühl von Kindern begleiten und fördern. Freiburg im Breisgau: Herder.

Wertfein, M. & Niesel, R. (2016): Junge Kinder und ihre Eltern im Übergang von der Familie in eine Kindertagesbetreuung. In: Sonderpädagogische Förderung, 61 (2), 139–149.

Whitebook, M. (1996): NAEYC accreditation as an indicator of program quality: What research tells us. In: S. Bredekamp & B.A. Willer (eds.): NAEYC accreditation: A decade of learning and the years ahead. Washington D.C.: NAEYC, S. 31–46.

WiFF – Weiterbildungsinitiative Frühpädagogische Fachkräfte (2023): Zahl des Monats Oktober 2023: Kita-Teams werden immer größer. Online unter: www.fachkraeftebarometer.de/zahl-des-monats/ (letzter Zugriff am 03.11.2023).

Wildgruber, A.; Wertfein, M.; Wirts, C. & Kammermeier, M. (2016): Situative Unterschiede der Interaktionsqualität im Verlauf des Kindergartenalltags. In: Frühe Bildung, 5 (4), 206–213.

Winner, A. & Erndt-Doll, E. (2009): Anfang gut?

Alles besser! Ein Modell für die Eingewöhnung in Kinderkrippen und anderen Tageseinrichtungen für Kinder. Berlin: verlag das netz.
Wustmann, C. (2004): Widerstandsfähigkeit von Kindern in Tageseinrichtungen fördern. Berlin: Cornelsen.
Wustmann, C. (2016): Resilienz. Widerstandsfähigkeit von Kindern in Tageseinrichtungen fördern. 6. Auflage. Berlin: Cornelsen.
Wygotski, L. (1987): Ausgewählte Schriften, Band 2: Arbeiten zur psychischen Entwicklung der Persönlichkeit. Köln: Pahl-Rugenstein.
Zimmer, R. (2020): Handbuch Bewegungserziehung. Grundlagen für Ausbildung und pädagogische Praxis. Freiburg: Herder.
Zimmer, R. (2021a): Bewegung erleben in der Krippe. Freiburg: Herder.
Zimmer, R. (2021b): Bewegung erleben in der Kita. Freiburg: Herder.

Grundlage für die Beispielauswahl der PromiK-Indikatoren

Andres, B. (2007): Zumutung – was mich für diesen Begriff einnimmt. In: Betrifft Kinder, 3, S. 39–41.
Arbeitsgruppe Professionalisierung frühkindlicher Bildung (Hrsg.) (2006): Beobachtung und Dokumentation in der Praxis. Arbeitshilfen zur professionellen Bildungsarbeit in Kindertageseinrichtungen. Kronach: Wolters Kluwer.
Andres, B. & Laewen, H.-J. (2011): Das infans-Konzept der Frühpädagogik. Bildung und Erziehung in Kindertagesstätten. Weimar: verlag das netz.
Beller, K. & Beller, S. (2002): Kuno Bellers Entwicklungstabelle. Berlin: Eigenverlag.
Berger, R. (2023): Grenzsteine der Entwicklung. Entwicklungsbeobachtung und -einschätzung von Kindern im Alter von 0–6 Jahren. Version 2023. Freiburg: Herder.
Bendt, U. & Erler, C. (2012): Raum ist überall - Raumgestaltung in Kindertagesstätten unter dem Aspekt sozial-raumorientierter pädagogischer Arbeit. S. 21–29. In: Haug-Schnabel, G.; Wehrmann, I. (Hrsg.): Raum braucht das Kind. Anregende Lebenswelten für Krippe und Kindergarten. Weimar/Berlin: verlag das netz.
Berry, G. & Pesch, L. (Hrsg.) (2010): Welche Horte brauchen Kinder? Ein Handbuch. 2. aktualisierte und veränderte Auflage. Neuwied, Kriftel, Berlin: Luchterhand Verlag.
Bodenburg, I. & Grimm, G. (2011): So fühlen sich die Kleinsten wohl. Beziehungsvoll pflegen und Körperbewusstsein stärken in Kita und Tagespflege. Berlin: Cornelsen.
Büttner, Ch. & Nagel, G. (Hrsg.) (2003): Alles Machos und Zicken? Zur Gleichstellung von Jungen und Mädchen in Kindereinrichtungen. Seelze-Velber: Kallmeyersche Verlagsbuchhandlung.
Deutscher Paritätischer Wohlfahrtsverband Gesamtverband e.V. (Hrsg.) (2022): Arbeitshilfe Kinder- und Jugendschutz in Einrichtungen. Gefährdung des Kinderwohls innerhalb von Institutionen. Berlin.
Deutsche UNESCO-Kommission e. V. (Hrsg.) (2010): Zukunftsfähigkeit im kindergarten vermitteln: Kinder stärken, nachhaltige Entwicklung befördern. Ein Diskussionsbeitrag der Deutschen UNESCO-Kommission. Bonn.
Dewey, J. (2004): Demokratie und Erziehung. Eine Einleitung in die philosophische Pädagogik. Weinheim: Beltz
Dobrick, M. (2011): Demokratie in Kinderschuhen. Partizipation & KiTas. Göttingen: Vandenhoeck & Ruprecht.
DPW (2008): Paritätischer Anforderungskatalog. Standards für Rahmenbedingungen in Kindertageseinrichtungen. Online unter: www.paritaet-hamburg.de/aktuell/standards_Kinderbetreuung.pdf (Zugriff am 10.07.2013).
Durand, J. (2017): Bildung für nachhaltige Entwicklung in der frühkindlichen Bildung. Eine narrative Bestandsaufnahme. München: Deutsches Jugendinstitut.
Elschenbroich, D. (2010): Die Dinge. Expeditionen zu den Gegenständen des täglichen Lebens. München: Antje Kunstmann.
Ferber, S. (2011): Strukturierung des Krippenalltags. In: N. Neuß (Hrsg.): Grundwissen Krippenpädagogik. Ein Lehr- und Arbeitsbuch. Berlin: Cornelsen.
Fried, L. & Briedigkeit, E. (2008): Sprachförderkompetenz. Selbst- und Teamqualifizierung für Erzieherinnen, Fachberatungen und Ausbilder. Berlin: Cornelsen Verlag Scriptor.
Friesinger, T. (2007): Braucht Fachberatung ein Gesicht?.
Fthenakis, W.E.; Hanssen, K.; Oberhuemer, P. & Schreyer, I. (Hrsg.) (2003): Träger zeigen Profil: Qualitätshand-buch für Träger von Kindertageseinrichtungen. Weinheim: Beltz.
Gerber, M. (2007): Dein Baby zeigt Dir den Weg. Freiamt: Arbor.
Gewerkschaft Erziehung und Wissenschaft (Hrsg.) (o. J.): Index für Inklusion (Tageseinrichtungen für Kinder). Spiel, Lernen und Partizipation in der inklusiven Kindertageseinrichtung entwickeln.
Gonzalez-Mena, J. & Widmeyer Eyer, D. (2008): Säuglinge, Kleinkinder und ihre Betreuung, Er-

ziehung und Pflege. Ein Curriculum für respektvolle Pflege und Erziehung. Freiamt: Arbor.

Griebel, W. & Niesel, R. (2011): Übergänge verstehen und begleiten. Transitionen in der Bildungslaufbahn von Kindern. Berlin: Cornelsen.

Hense, M. (Hrsg.) (2010): Fachberatung für Kindertageseinrichtungen. Erfolgschancen erhöhen. Göttingen: Vandenhoeck & Ruprecht.

Hense, M. (2009): Zur Wirksamkeit von Fachberatung: Eine empirische Studie. Dissertation, Bielefeld.

Klug, W. (2013): Erfolgreiches Kita-Management. Unternehmens-Handbuch für LeiterInnen und Träger von Kitas. 2. Auflage. München: Reinhardt.

Knauer, R. & Sturzenhecker, B. (Hrsg.) (2022): Demokratische Partizipation und Inklusion in Kindertageseinrichtungen. Weinheim, Basel: Beltz Juventa.

Knauf, T. (2023): Das individuelle Entwicklungs- und Kompetenzprofil (EKP) für Kinder. Freiburg: Herder.

Kobelt Neuhaus, D. (2011): Im Dialog mit den Eltern 0- bis 3-Jähriger. Wie Erziehungspartnerschaft gelingen kann. Berlin: Cornelsen Scriptor.

Koglin, U.; Petermann, F. & Petermann, U. (2010): Entwicklungsbeobachtung und -dokumentation. EBD 48-72 Monate. Eine Arbeitshilfe für pädagogische Fachkräfte in Kindergärten und Kindertagesstätten. Berlin: Cornelsen Scriptor.

Kolb, N. & Fischer, U.; unter Mitarbeit von Hammes-Di Bernardo, E.; Lommel, A.; Maserkopf, I & Rohde, A. (2021): QITA-TOOL-KIT. Karten zum Buch QITA – Qualität in zwei und mehrsprachigen Kindertageseinrichtungen. Kriterienhandbuch für den Bereich Sprache und Mehrsprachigkeit. Hildesheim: Universitätsverlag Hildesheim

Krenz, A. & Klein, F. (2012). Bildung durch Bindung. Frühpädagogik: inklusiv und beziehungsorientiert. Göttin-gen: Vandenhoeck & Ruprecht.

Laewen, H.-J. (2007): Der Begriff der Zumutung als Herausforderung für die Pädagogik. In: Betrifft Kinder, 3, 36–38.

Laewen, H.-J. & Andres, B. (Hrsg.) (2002): Forscher, Künstler, Konstrukteure. Weinheim: Beltz.

Laewen, H.-J. & Andres, B. (Hrsg.) (2013): Grundlagen für die Qualitätsentwicklung in Kinderkrippen. Erweiterung des infans-Konzepts der Frühpädagogik für Kinder bis drei Jahre. Berlin: infans.

Lamberti, M.A. & Sommerfeld, V. (2003): Strategische Personalentwicklung: Wie Kindergärten TOP werden (Team und Organisationsentwicklung praktisch). Weinheim: Beltz.

Mayr, T. (1998): Beobachtungsbogen zur Erfassung von Entwicklungsrückständen und Verhaltensauffälligkeiten bei Kindergartenkindern (BEK). München: Staatsinstitut für Frühpädagogik.

Mayr, T. & Ulich, M. (2006): PERIK – Positive Entwicklung und Resilienz im Kindergartenalltag. Freiburg: Herder.

Maywald, J. (2009): Kinderschutz in der Kita. Ein praktischer Leitfaden für Erzieherinnen. Freiburg: Herder.

Maywald, J. (2014): Recht haben und Recht bekommen – der Kinderrechtsansatz in Kindertageseinrichtungen. Online unter: www.kita-fachtexte.de/fileadmin/Redaktion/Publikationen/KiTaFT_maywald_II_2014_1_.pdf (letzter Zugriff am 25.09.2023).

Miklitz, I. (2011): Der Waldkindergarten: Dimensionen eines pädagogischen Ansatzes. 4. Auflage. Berlin: Cornelsen Verlag Scriptor.

Möller, J.-C. & Schlenther-Möller, E. (2012): Handbuch Kita-Leitung: Leitfaden für Qualifizierung und Praxis, 5. Auflage. Berlin: Cornelsen Verlag Scriptor.

Nationalkomitee der UN-Dekade „Bildung für nachhaltige Entwicklung" im Auftrag von Deutsche UNSECO-Kommission e.V. (Hrsg.) (2011): UN-Dekade „Bildung für nachhaltige Entwicklung" 2005-2014 – Nationaler Aktionsplan für Deutschland.

Neuß, N. (Hrsg.) (2011): Grundwissen Krippenpädagogik. Ein Lehr- und Arbeitsbuch. Berlin: Cornelsen.

Paritätisches Jugendwerk NRW (Hrsg.) (2022): Arbeitshilfe Schutzkonzepte für die Kinder- und Jugendarbeit. Online unter: www.pjw-nrw.de/fileadmin/EigeneDateien/Download/05-service/ISA_br_Schutzkonzepte_RZ_web_7MB.pdf (letzter Zugriff am 25.09.2023).

Pauen, S. (2006): Was Babys denken: Eine Geschichte des ersten Lebensjahres. München: C. H. Beck.

Pauen, S. (2011): Vom Baby zum Kleinkind. Entwicklungstagebuch zur Beobachtung und Begleitung in den ersten Jahren. Heidelberg: Spektrum Akademischer Verlag.

Pauen, S. & Ganser, L. (2010): Entwicklungsbeobachtung und -dokumentation für Kinder von 0–3 Jahren mit MONDEY (milestones of normal development in early years). In: M. R. Textor (Hrsg.): Kindergartenpädagogik – Online-Handbuch. Online unter: www.kindergartenpaedagogik.de/2082.html (letzter Zugriff am 25.09.2023).

Petermann, U.; Petermann, F. & Koglin, U. (2008): Entwicklungsbeobachtung und -dokumentation. Eine Arbeits-hilfe für pädagogische Fachkräfte in Krippen und Kindergärten. Berlin: Cornelsen Scriptor.

Pikler, E. (1988). Lasst mir Zeit – Die selbständige Bewegungsentwicklung des Kindes bis zum freien Gehen. München: Pflaum.

Remsperger, R. (2011). Sensitive Responsivität: Zur Qualität pädagogischen Handelns im Kindergarten. Wiesbaden: VS.

Rogge, J.-U. (2000): Medien im Alltag von Schulkindern und ihre Bedeutung für die Hortarbeit, S. 177–192. In: Berry, G. & Pesch, L. (Hrsg.): Welche Horte brauchen Kinder? Ein Hortbuch. 2. Aktualisierte und veränderte Auflage. Neuwied, Kriftel, Berlin: Luchterhand Verlag.

Rohrmann, T. (2003): Was brauchen Jungen? Vielfältiges „Jung sein" ermöglichen, S. 114–127. In: Ch. Büttner. & G. Nagel (Hrsg.): Alles Machos und Zicken? Zur Gleichstellung von Jungen und Mädchen in Kindereinrichtungen. Seelze-Velber: Kallmeyersche Verlagsbuchhandlung.

Schäfer, G. (Hrsg.) (2005): Bildung beginnt mit der Geburt. Ein offener Bildungsplan für Kindertageseinrichtungen in Nordrhein-Westfalen. Berlin: Cornelsen Scriptor.

Schäfer, G. (2010): Bildung in den ersten Lebensjahren – Wie kleine Kinder denken lernen. S. 164–178. In: W. Weegmann, C. Kammerlander, C. (Hrsg.): Die Jüngsten in der Kita. Ein Handbuch zur Krippenpädagogik. Stuttgart: W. Kohlhammer.

Schäfer, G. (2003): Bildung ist mehr als Lernen. Oder: Wie man einen Elefanten schaukelt. Bildung in der frühen Kindheit – Was ist dabei Bildung?. Dokumentation zum Tag der Bildung, 8. Oktober 2003, Düsseldorf, S. 37–46. In: Veranstaltergemeinschaft Tag der Bildung (Hrsg.): Bildung ist mehr als Lernen. Dortmund: Internationale Vereinigung der Waldorfkindergärten e.V.

Schubert, S.; Salewski, Y.; Späth, E. & Steinberg, A. (Hrsg.) (2012): Nachhaltigkeit entdecken, verstehen, gestalten – Kindergärten als Bildungsorte nachhaltiger Entwicklung, Band 1 der Handbuchreihe „Hier spielt die Zukunft". Weimar, Berlin: verlag das netz

Sulzer, A. & Wagner, P. (2011): Inklusion in Kindertageseinrichtungen – Qualifikationsanforderungen an die Fachkräfte. Weiterbildungsinitiative Frühpädagogische Fachkräfte (WiFF). WiFF Expertise, Band 15. München: Deutsches Jugendinstitut.

Stiftung Haus der kleinen Forscher (Hrsg.) (2018): Tür auf! Mein Einstieg in die Bildung für nachhaltige Entwicklung. Paderborn: Bonifatius GmbH

Strätz, R. & Demandewitz, H. (2007): Beobachten und Dokumentieren in Tageseinrichtungen für Kinder. Berlin: Cornelsen Scriptor.

Thiem, M. (2012): Inklusion: Ein neuer grundlegender Ansatz für Handlungen im Bildungsbereich am Beispiel des Index für Inklusion als Instrument für die praktische Umsetzung in Kindertageseinrichtungen.

Tietze, W. & Viernickel, S. (Hrsg.) (2007): Pädagogische Qualität in Tageseinrichtungen für Kinder. Ein nationaler Kriterienkatalog. Weinheim: Beltz.

Ulich, M. & Mayr, T. (2003): SISMIK – Sprachverhalten und Interesse an Sprache bei Migrantenkindern in Kindertageseinrichtungen. Begleitheft + 10 Beobachtungsbögen. Freiburg: Herder.

Ulich, M. & Mayr, T. (2006): SELDAK – Sprachentwicklung und Literacy bei deutschsprachig aufwachsenden Kindern. Freiburg: Herder.

Wagner, P. (2013): Handbuch Inklusion – Grundlagen vorurteilsbewusster Bildung und Erziehung. Freiburg: Herder.

Zander, M. (Hrsg.) (2005): Kinderarmut – Einführendes Handbuch für Forschung und soziale Praxis. Wiesbaden: Verlag für Sozialwissenschaften

Zimmer, R. (2009): Kinder unter drei – selbstbewusst und kompetent. Freiburg: Herder.

Zimmer, R. (2019): Handbuch Sinneswahrnehmung. Grundlagen einer ganzheitlichen Erziehung. Freiburg: Herder.

Zimmer, R. (2019): Handbuch Sprache und Bewegung. Freiburg: Herder.

Hinweise zur Kinderliteratur

ISTA/Fachstelle Kinderwelten(2022a): KINDERWELTEN Bücherliste 2022 in Kooperation mit Queerformat. Kinderbücher für eine vorurteilsbewusste und inklusive Bildung für Kinder bis 3 Jahren. Online unter: www.kompetenznetzwerk-deki.de/fileadmin/user_upload/Material/Materialsammlung/Handreichung-6bis9_2022.pdf (letzter Zugriff am 25.09.2023).

ISTA/Fachstelle Kinderwelten (2022b): Kinderbücher für eine vorurteilsbewusste und inklusive Bildung für Kinder von 6 bis 9 Jahren. Online unter: www.queerformat.de/kinderbuecher-fuer-eine-vorurteilsbewusste-und-inklusive-bildung-6-9-jahre-dezember-2020/ (letzter Zugriff am 23.09.2023).

Stiftung lesen: kostenlose mehrsprachige Lesetipps und Aktionsideen von 0 bis 15 Jahren. www.stiftunglesen.de

Susanne Propach & Sabine Ullrich

Glücksorte in & um Siegen

Fahr hin & werd glücklich

Dieses

Glücksbuch

ist für